武器
と
防具

武器と防具

　戦闘のために製造された道具が武器で、狩猟や農業などの道具が発展したものや、工具などの日用品から発展したものもあります。武器の中で最も一般的なのが剣で、両方に刃がついているものを剣、片方にだけ刃があるものを刀と分類しています。日本刀も片刃刀のひとつで、乱戦でその真価を発揮したと考えられます。

　刀剣類に続き戦場で最も使われた武器が長柄武器で、柄と槍頭からなり、刀剣より間合いが長く、古くから使われていた武器として考えられています。

　金属の鎧で身を守るようになってきた時代のヨーロッパでは、鎧の上からでもダメージを与えられる武器として、棍棒をはじめとした打撃武器が見られるようになり、特にハンマーや斧は日常生活でも使われる工具だったため、武器としても多く使われました。中国や日本では杖術や棒術などの武術としても登場。映画「燃えよドラゴン」(1973年)で主演のブルース・リーが見せたヌンチャクで相手を倒すシーンは、世界的にヌンチャクを武器として有名にしました。

　また、遠くにいる敵を倒す道具として使われたのが、狩猟で使われていた弓でした。ショートボウとロングボウの2種類あり、特にロングボウは鋼鉄の鎧をもつらぬくほどの武器として発展しました。さらにトリガーで矢をうつことができるクロスボウも登場。アメリカの人気テレビドラマ「ウォーキング・デッド」(2010年)の重要メンバーのひとり、ダリル(ノーマン・リーダス)がこのクロスボウの使い手として登場し、人気を集めました。

　敵の攻撃を受けながらもダメージを軽減させるための最も歴史的に古い防具が盾です。特に古代ギリシアやローマなどでは盾を使った陣形が生まれたほど、戦場では重要な役割をはたしたようです。形状やサイズも多岐にわたり、頭部を守るための兜や全身を守る鎧とともに防具の重要性が高まっていきました。

みんなが知りたい！

ファンタジーの すべて

剣と魔法の世界がよくわかる
～武具・幻獣やモンスター・神話・術～

「ファンタジーのすべて」編集室 著

まなぶっく

MANA BOOKS

mates-publishing

みんなが知りたい!

ファンタジーの すべて

剣と魔法の世界がよくわかる
～武具・幻獣やモンスター・神話・術～

「ファンタジーのすべて」編集室 著

mates-publishing

もくじ

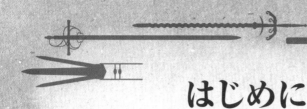

はじめに

　ゲーム、ドラマ、映画、アニメーション、漫画、小説など、ファンタジーをテーマにした作品は世界中に多数存在します。ファンタジー作品はけっして新しいものではなく、長い歴史を持っています。現代であっても、どのような分野でどのようなファンタジーを見て楽しんできたかは、世代によって大きく異なります。

　昭和の時代に生まれ育った大人であれば、ファンタジーとはいっても、むしろ外国のホラー映画でフランケンシュタインや吸血鬼ドラキュラ、狼男、ミイラ男、魔女などを見て、その怖さで子どものころ眠れなくなったことがあったかもしれません。あるいは小説や映画で世界的にヒットした「ハリーポッター」のシリーズや、イギリスの文学者トールキンが1954年に刊行したファンタジー小説の「指輪物語」を原作にした「ロード・オブ・ザ・リング」などは幅広い年代の人々にファンタジーの魅力を再認識させました。

本書では、そんなファンタジーの世界を第一章の武器と防具、第二章の幻獣とモンスター、第三章の神話と術の三章に分けて、さまざまなファンタジー作品に登場する武器やモンスター、そして神話まで、その特徴や伝承をイラストを交えながら解説しています。

　また、第四章では触れてほしいファンタジー作品を紹介しています。全てご存じの読者も少なくないと思いますが、もしまだであれば、何かの機会にご覧になっていただければと思います。

　ファンタジーには、世界中のどの年代の方でも何らかの夢を感じさせてくれる魅力があります。その魅力を本書を手に取っていただくことで、これまで以上に感じとっていただくことができれば幸いです。

「ファンタジーのすべて」編集室

この本の使い方

大きなカテゴライズに分類してその武器や防具の概要を記載しています。

実在した武器はおおよその大きさが書かれています。

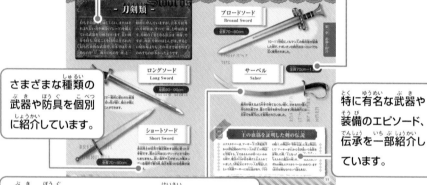

さまざまな種類の武器や防具を個別に紹介しています。

特に有名な武器や装備のエピソード、伝承を一部紹介しています。

武器や防具のイラストがそれぞれ掲載されています。

さまざまな種類の幻獣やモンスターを個別に紹介しています。

幻獣やモンスターのイラストがそれぞれ掲載されています。

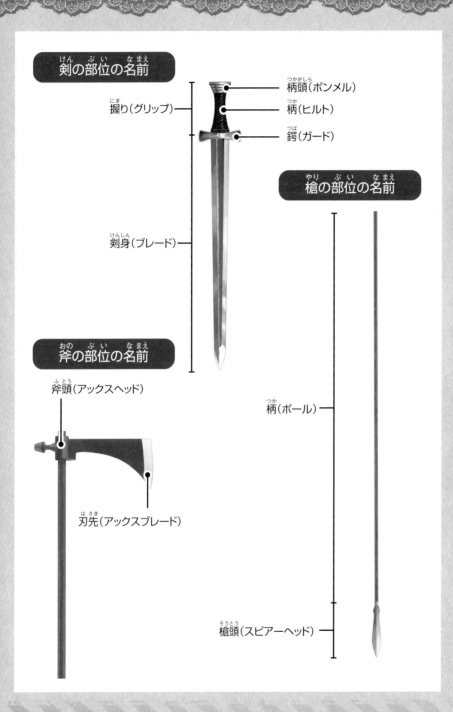

剣の部位の名前

握り（グリップ）

柄頭（ポンメル）

柄（ヒルト）

鍔（ガード）

剣身（ブレード）

槍の部位の名前

柄（ポール）

槍頭（スピアーヘッド）

斧の部位の名前

斧頭（アックスヘッド）

刃先（アックスブレード）

－ 刀剣類 －

持ち手の部分と同じくらい、またはそれより長い刃や剣身(ブレード)を備えている武器を刀剣と言います。長い剣身を持ち、切ることを目的に作られた最も代表的な武器で、日本では片刃のものを「刀」、両刃のものを「剣」と一般的に呼んでいますが、日本刀以外の刀剣類は、すべて「剣」と呼ばれます。刀剣の主要となる部分は「剣身」ですが、西欧刀剣のほとんどは、するどい切れ味よりも、その重さで敵を叩きのめすものが多かったようです。

ロングソード
Long Sword

全長80〜90cm

中世後期のヨーロッパで一般的に使われた剣身が長い剣の総称です。切っ先が鋭く、騎士が馬に乗ったまま相手を突くことができます。

ショートソード
Short Sword

全長70〜80cm

歩兵同士が白刃で接近戦をする時に使った片手剣です。長さ以外はロングソードとそう変わりありません。狭い場所や人がぎっしり集まっている場所で戦う時、味方を傷つける危険が減ります。

ブロードソード
Broaud Sword

全長70〜80cm

10〜11世紀にノルマン人の騎兵隊が装備した剣で、ナポレオンの時代のヨーロッパでも広く使用されました。

サーベル
Saber

全長70cm〜1.2m

騎兵が使えるよう片手で持てるくらい軽く、できるだけ長く作られた剣です。重さで相手を断ち切ります。明治時代には日本でも軍刀として採用されていました。

王の血筋を証明した剣の伝説

エクスカリバーは、アーサー王（5世紀後半から6世紀初めのブリトン人の君主）の物語に登場する、王であるものが持つといわれる剣で、魔法の力が宿る剣だと伝えられていました。5世紀末にサクソン人を撃退したという英雄アーサーには伝説があり、「円卓の騎士」の物語や「聖杯伝説」に並ぶ物語として「アーサーが石から引き抜いて血筋を証明した剣」「王となった後に湖の乙女から与えられた魔法の剣」の2つが伝えられ、いずれの剣もエクスカリバーと言われています（前者は別なものという説もある）。

ファルシオン
Falchion

全長70〜80cm

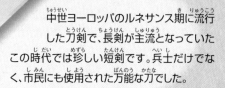

中世ヨーロッパのルネサンス期に流行した刀剣で、長剣が主流となっていたこの時代では珍しい短剣です。兵士だけでなく、市民にも使用された万能な刀でした。

クレイモア
Claymore

15〜17世紀にかけて、スコットランドの兵士たちが愛用していた両手持ちの大剣を代表するひとつです。小ぶりだったことから機動力に優れ、相手に恐れられました。

全長1.2m

フランベルジュ
Flamberge

波を打ったような独特な刀身の形が特徴的な両手剣の総称です。その美しい形状から芸術品として扱われる一方で、戦闘では相手に治療が難しい傷を与えます。

全長1.3〜1.5m

レイピア
Rapier

全長80〜90cm

細くて鋭い刀身の剣で、中世後期からルネサンス期にヨーロッパ全域に普及しました。剣術の基本は突くことで、決闘の時の武器としても使われていました。

最強の武器・レーヴァテイン

ゲームの世界では最強の武器のひとつとしてお馴染みのレーヴァテインは、17世紀に発見された北欧神話について語られている写本のエッダ詩のひとつ『フョルスヴィーズルの言葉』の第26詩節に登場する武器です。「レーヴァ」は「裏切り、災いの」など、「テイン」は「枝、杖」などを意味しています。神話の中ではどのような武器であったのかは書き記されておらず、一般的には「剣」と解釈されていますが、「槍」や「矢」などという解釈もあるそうです。

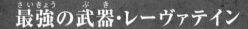

グラディウス
Gladius

刀身の材質は硬くて割れやすい性質の鉄、やわらかくて伸びやすい性質の鉄を混ぜ合わせ、頑丈なうえに粘り強く、古代ローマ時代を代表する剣として知られています。

ショテル
Shotel

伸ばしたら1mくらい

エチオピアの伝統的な両刃の刀剣です。他の刀剣に比べて大きく弓の形のように曲がっており、円というよりも「くの字」や「L字形」に近いものもあります。

パタ
Pata

全長1.0〜1.2m

インドのマハーラーシュトラ地方に住むマラーター族が使っていた刀剣。西洋的な見た目の両刃の直剣で、インドのマラーター王国の初代君主も愛用していたそうです。

コペシュ
Khopesh

古代エジプトで使われた片刃の刀剣であり、斧から発展したとされています。小ぶりながらも高い斬撃力を持っているため、戦闘では特に接近戦で威力を発揮します。

全長50〜80cm

コラ
Kola

「ククリ」という刃物と同様にネパールの有名な武器であり、戦闘用や儀礼用にも用いられました。弓形に曲がった刀身は、先端にいくほど幅が広くなっています。

全長70cm

ロンパイア
Rhomphaia

2m前後

古代ローマの兵士をおびえさせたトラキア人の主要武器として使われていた刀剣です。刀身とヒルト（柄）がほぼ同じ長さの大刀で、内側に刃が付いています。

タルワール
Talwar

全長0.7〜1m

ヒルト（柄）部分の造形が特徴的なインドで生まれた刀剣です。彫刻や金箔などが施され、身分の高い人が持つタルワールのヒルトは、エナメル細工や宝石で装飾されているものもあります。

ハルパー
Harpe

ギリシア神話にも登場するこの刀剣の刀身は鎌のような形状をしているため、鎌剣とも呼ばれます。弓形に曲がった刃の内側に引っ掛けて、力に任せて引き切ります。

全長40〜50cm

シャムシール
Shamshir

12世紀にペルシア（現在のイラン）で誕生し、16世紀初頭に近隣国へ伝わった細身の片刃刀です。インドで18世紀に作られていたシャムシールは、装飾がとても豪華です。

蛇腹剣
Chain Whip

刃の部分が等しい間隔で分割されており、ワイヤーでつなぐことによってムチのように変形する架空の武器。現実の世界では存在していない剣ですが、インパクトは抜群です。

刀
Katana

剣の中でも、特に刃が片側にしかない刀剣。両刃の剣と比べて刀身の幅が細く、反りのついた湾刀のほか、「突き」にも向いている反りのついていない直刀があります。

Daggers

－ 短剣類 －

刀剣の中でも全長の短いものが短剣と呼ばれています。一般的には「ナイフ」や「ダガー」と呼ばれており、武器や日用品としても古くから使われてきました。携帯性に優れているほかに、至近距離での戦いにおいては、素手に比べて優位に立て、さらに、狭い場所でも扱えることも大きな強みです。武器としての使い方としては斬りつけたり、刺したり、さらには投げたりなどがあります。近現代に比べると、中世の短剣のサイズは長大でした。

アンテニーダガー
Antennae Dagger

全長30cm

13〜14世紀頃に当時の西ヨーロッパで使われた、もっとも一般的な短剣です。握りは細長くて軽量なこの剣は、片刃と両刃のそれぞれがあり、ガードはまっすぐになっています。

キドニーダガー
Kidney Dagger

全長20〜30cm

直刃の短剣であるこの剣は、中世の騎士たちが死を迎えそうになっている敵や味方に対し、鎧の上から突き刺して、苦しみから解放させてあげるために使われていました。

チンクエンディア
Cinquedea

ルネサンス時代に開発され、イタリア全土へと広がった短剣で、指5本分くらいある広い身幅が特徴的です。その後、派手な装飾を施したものも誕生していきました。

イヤードダガー
Eared Dagger

全長20〜30cm

元々は東方が発祥の剣でしたが、イタリア商人によってヨーロッパにもたらされました。両刃ではありますが、剣身が左右対称ではないところも特徴のひとつとなっています。

サクス
Sax

全長30〜40cm

ゲルマン系民族でイングランドに渡ったサクソン人が所持していた武器で、サクスは最古のドイツ語で「ナイフ」を意味します。扱いやすさから日常的に道具としても使われていました。

ハンティングナイフ
Hunting Knife

獲物を仕留めた後の血抜き、皮をはぐ、持ち運びやすいように解体するなどの用途で、主にハンター（狩猟者）などが使うナイフです。切れ味が鋭く、壊れにくくて頑丈です。

ジャマダハル
Jamadahar

全長30〜70cm

インド発祥の刀剣で、握りが刃と垂直についている特徴があることから、「切る」ことよりも「刺す、突く」ことに特化した形状の武器です。刃が二又や三又になっているものもあります。

全長28〜36cm

ペシュカド
Peshqabz

ペルシアではカルドと呼ばれる、ペルシア及びインド北部の固有の短剣です。先端が鋭くとがり、刀身がS字を描くように曲がっているため、殺傷能力がとても高くなっています。

カタール
Katar

両刃、片刃のどちらも存在し、主に突き刺したり、斬りつけたりすることを目的とした短剣です。歴史書に別の短剣であるジャマダハルと挿絵が取り違って掲載され、それが広まってしまったので間違われることもあります。

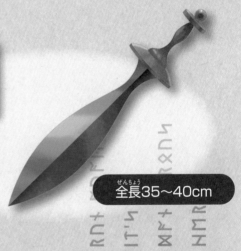

全長35〜40cm

スティレット
Stiletto

北イタリアで作られた短剣です。先端はとがっていますが刃は付いておらず、突き刺す目的で使われる短剣で、12世紀以降、ドイツやイングランドでは武器として使われました。

全長20〜30cm

－ 槍 －

Spears

長い柄（取っ手）の先に刀身部分の穂をつけた武器を槍と呼んでいます。古くから戦いの時などに世界中で使われ、相手に近づいて戦う時の主力武器として活躍しました。その利点は相手と程よい間合いをとって攻撃できること。日本で見てみると、槍の前身である矛が使われて、その後は時代の流れにしたがって、いろいろな形や使い方の槍に発展していきました。長柄槍では約4〜6m前後のもの、大身槍では4m以上のものもあったようです。

全長2〜3m

ロングスピア
Long Spear

穂先に長い棒が取り付けてある単純な構造の武器ですが、武器の歴史においては、あらゆる武器の土台になったとも言われています。長いことが敵へのおどしにもなりました。

ショートスピア
Short Spear

全長1.2〜2m

構造はロングスピアと同じで、人類において狩猟生活時代には使用されていました。刺したり、突いたり、投げたり、歩兵や騎兵、接近戦や遠距離戦など広範囲で使われていました。

ハルバード
Halberd

全長2〜2.5m

斬る、突く、かぎ爪で引っ掛けるなど、さまざまな使い方ができる万能武器です。15〜19世紀にヨーロッパで広く使われ、使いこなすには十分な訓練が必要とされました。

ジャベリン
Javelin

全長0.7〜1m

投げることを目的としてつくられ、飛んでいく槍の軌道が安定しやすいように、穂先は重く設計されています。陸上競技のやり投げに使われる槍もジャベリンと呼ばれます。

魔法の武器・グングニル

北欧神話にはさまざまな神や武器が登場しますが、主神オーディンの持つ投槍がグングニルです。グングニルは、ロキが地底に住む黒侏儒（こびと）たちにつくらせ、オーディンに献上したと言われます。この魔法の武器のグングニルは、オーディンが戦場の上に投じると、すぐに戦いの勝敗が決し、穂先にかけて誓った言葉は、決して破ってはならないとされていました。そして敵を打ち破った後は、ひとりでに持ち主の元に戻るとされています。

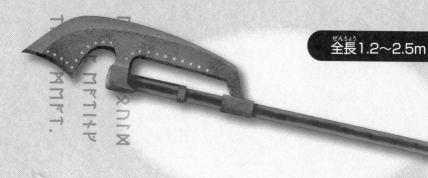

バルディッシュ
Bardiche

刃の長さが60～90cmもある巨大な斧頭を持っている武器です。振り回したり撃ち下ろすなど、斬撃ではとてつもない威力を誇りました。しかし、突くには不向きな武器です。

ランス
Lance

全長3.3～5m

槍騎兵の総称であるランスは、馬上からの攻撃にも適するように、長い柄を備えた槍です。形によって「単なる長槍」か「三角すい状の槍」かの2種類に分類できます。

パルチザン
Partizan

全長1.5〜2m

幅広の両刃の槍に、左右対称に小さな突起をつけた柄の長い武器です。突いても斬っても威力を発揮するデザインは、機能性に優れていることが大きな特徴となっています。

ミリタリーフォーク
Military Fork

全長0.7〜1m

2本の鉾先を持つ二又の槍。10世紀頃からヨーロッパで使われ、17世紀頃にはヨーロッパ各国の軍隊で歩兵の対騎兵用の武器であったほか、農民の反乱でも使われていました。

ケルト神話の武器・ゲイボルグ

アイルランドやウェールズ地方の神話・伝承のケルト神話に登場するのがゲイボルグという槍です。名前の意味は「破壊する槍」「雷の投てき」「じゃばら状の投槍」などと言われています。イナズマのような切れ込みがあるの槍は、投げると30の矢となって降り注ぎ、突けば30のトゲとなって体内を破壊します。持ち主は太陽神ルーの子孫であり、ケルト民話最大の英雄であるクー・フーリンです。伝承によっては、ケガの治りを無効化する呪いを与えたり、防御をつらぬく効果を持つなど恐ろしい武器でありました。

グレイヴ
Glaive

刺したり突いたり、振り下ろしたり、大きな刃で
相手を切り倒していく武器です。なぎなたの
一種で歩兵武器として重用されていましたが、
16世紀末頃には使われなくなりました。

バトルフック
Battle Fook

全長2〜2.5m

その使い道は馬上の騎士を引っ掛けるためだけにあり、長
い柄にかぎ爪が取り付けられています。高度な訓練は不要
の武器だったため、小さく未熟な軍隊などで使われました。

ビル
Bill

歩兵用の武器として使われ、重い装備の敵を相手にした戦闘に適していました。穂先は敵を引っ掛けるための理想的な形をしており、刺すための突起も付いています。

全長2〜2.5m

ギサルメ
Guisarme

11〜15世紀にイギリスで使われていた武器で、突く、払って切り倒す、引き倒すなど多彩な用法がある槍です。ビルの特性を併せ持つため「ビル・ギサルメ」とも呼ばれています。

全長2.5〜3m

太陽神の槍・アラドヴァル

ケルト神話に登場する槍のアラドヴァル。太陽神のルーが持っていたこの槍は、ペルシャ王ピサルが持っていたとされる毒の槍で、父を殺されてトゥリルの息子たちから賠償として得たもの。穂先は熱を持っていたため、大釜に入れた氷にこの槍をつけておかなければ、都市をも焼き尽くしてしまうと言われています。フィクションでもこのアラドヴァルの銘を持つ槍が登場していますが、大人気のゲームの世界でもたびたび登場していますので、この武器を使ったことがあるゲーマーも多いことでしょう。

－ 打撃武器 －

重さを活かして相手を叩きつける目的で使う武器のことを打撃武器と言います。重くて硬い鎧をまとっている相手に対しても、十分にダメージを与えることができます。この打撃武器は大きく分けると、一体型となっている「棍棒」と柄と柄頭が別になっている「槌矛」とに分けられます。ウォーハンマー（戦鎚）、フレイル（連節棍棒）、鞭などが打撃武器に属しており、兵士たちなどの手持ちの武器として近接した戦闘で用いられています。

棍棒
Club

手に握って振り回したり叩きつけたり、動かすのにちょうど良い太さと長さを備えた丸い棒。猿人や原人が使っていた木ぎれや骨が発祥の長い歴史を持つ基本的な武器のひとつです。

全長1.1〜3m

メイス
Mace

全長30〜80cm

長い柄の先に金属製の打撃部分が付いている合成棍棒の一種であり、相手を殴りつけるように使われる武器。時には離れた相手に向けて投げつけるという使われ方もある。

モーニングスター
Morning Star

全長50〜80cm

先端が球体状となっているところに、いくつものトゲが付いている打撃用の武器です。相手に向けて叩きつけるようにして使い、西欧の騎士たちが愛用していたと言われています。

フレイル
Flail

全長1.6〜2m

柄と打撃部分を鎖などでつないだ打撃用の武器で、元々は穀物の脱穀に使われていた農具を原型として発展したものです。日本語では連接棍または連接棍棒と訳されています。

ウォーピック
War Pick

全長50〜60cm

主に騎兵が使うことを目的としていたことから、片手で扱えるように柄を短く作っています。突き刺すことに加えて打撃も可能な点は、ウォーハンマーと同じ優れた特徴です。

ハンマー（ウォーハンマー）
Hammer（War Hammer）

戦闘用の金槌のことで、広い範囲では木槌も
ウォーハンマーになります。柄の先端のどち
らかが金槌のように平らな形になっており、も
う片方はかぎ爪のようにとがっているのが特
徴です。

全長50〜200cm

ヌンチャク
Nunchaku

全長70〜100cm

同じ長さの2本の棒を鎖などで連結した武器
で、振り回して相手を叩いたり突いたりする
攻撃面だけでなく、防御面では受けにも対応し
ます。カンフー映画で広く知られるようになりま
した。

サップ
Sap

全長30〜50cm

革袋に砂や金属などを詰めて棍棒状にした武器で、ブラックジャックとも言われます。その重量を活かして相手にダメージを与えますが、傷が目立ちにくいという特性があります。

グルズ
Gurz

インドやペルシャで使われていたメイスの一種で、槌の頭は凝ったデザインのものが多いです。その形状は枝分かれしているものや、らせん状になっているものもあります。

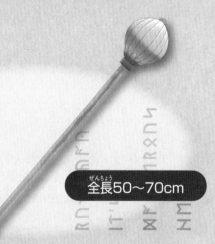

全長50〜70cm

北欧神話の武器・ミョルニル

北欧神話の主神・トールが持っていた武器のハンマーがミョルニルです。古ノルド語で「打ち砕くもの、粉砕するもの」を意味しており、力いっぱい打ちつけても壊れず、投げた時は標的を外すことなく、しかも再び自分の手に返ってきます。伸び縮み自在なため、使わない時はポケットサイズとなるぐらいに小さくして持ち歩くこともできるそうで、他にも死んだ者を生き返らせる力もあるとされています。とにかく威力は凄まじいものがあり、巨人族の頭蓋骨でさえも砕いてしまうほどの一撃必殺の破壊力を秘めた武器なのです。

- 斧 -

斧は木を切ったり、丸太を割ったりなど、世界中で古くから使われてきた道具ですが、その一方では武器としても使われてきました。武器として発達した斧のことを戦斧と言います。代表的な戦斧としてはハルバート、バルディッシュ、トマホークなどが挙げられ、戦場においては斬ったり叩きつけたりして相手を倒すための武器としてだけでなく、城を攻める時に城門や壁、石垣などを破壊するために使われた道具でもありました。

バトルアックス
Battle Axe

全長60〜150cm

バトルアックスという名称は広い意味を持ち、戦斧の総称でもあります。斧頭と柄の組み合わせからなる単純構造のこの武器は、刃は幅が広いものが一般的です。

トマホーク
Tomahawk

全長30〜50cm（柄の長さ）

北米のインディアンが使う斧として有名なトマホーク。元々は白人がヨーロッパから開拓のために北米へ入った時に持ち込んだ斧をインディアンたちが改良してできた武器です。

ビペンニス
Bipennis

全長50〜70cm

両刃の斧であるビペンニスは、その重さによって強い衝撃を与えるために、柄に木の束を取り付けています。また、両刃の斧の総称としても用いられている言葉です。

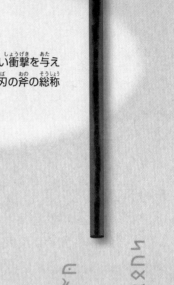

ブージ
Bhuj

全長40〜70cm

斧頭は縦長で重く、柄の部分は空洞になっており、そこには短剣が仕込まれています。16〜19世紀頃に西部インドのシンダという地域で、騎兵の指揮官たちに使われていました。

Bow

- 弓 -

矢を飛ばす装置の中で、人間の力で動作するものが「弓」です。しなやかで折れづらい竹や木に弦をかけて、その弓本体の弾力を利用して矢を飛ばします。弓は古代壁画にも描かれるほど歴史は古く、狩猟の道具や武器として使われ、古代ヨーロッパでは特に騎馬戦や海戦に用いられていました。日本の弓を「和弓」と呼ぶのに対して、西洋の弓は「洋弓」と言います。洋弓はロングボウ、クロスボウなど、国や時代によって独自に進化しました。

ロングボウ
Long Bow

全長150〜180cm

材質はイチイ及びニレの木。単一の素材でできている長弓という点が特徴です。使いこなすためには高度な訓練が求められるほか、強い力が必要となる武器のひとつです。

ショートボウ
Short Bow

ロングボウに対して短い弓のこと。旧石器時代の終わり頃に生まれたと言われており、遠くにいる敵や獲物に対して投げ槍よりも早く、高い威力をもって攻撃することができます。

全長100cm以下

クロスボウ
Cross Bow

弓が台座に水平に取り付けられており、引き金によって矢を発射します。矢をセットするのに時間はかかりますが、自分の手によって弦を引く弓よりも大きな威力を発揮します。

全長80〜100cm

決闘の神の武器・イチイバル

狩猟、弓術、スキー、決闘の神である北欧神話のウルに基づいているイチイバル。その語源はイチイの木の木材が使われている弓であること、また、ウルがイチイの谷（ユーダリル）に住んでいるためとされています。北欧神話でのイチイバルは、1本の矢を射る力で10本もの矢を放つことができたそうです。イチイの木は別名「アララギ」で、北海道や東北地方では「オンコ」、アイヌ語では「クネニ」と呼ばれ、アイヌ語のクネニは「弓の木」という意味。イチイは赤くて甘い果実を実らせますが、種子には毒があるので注意が必要です。

ー 投擲武器 ー
Throwing weapons

投擲とは、手などを使って遠くに物を投げることです。人間は地球上にいる他の生物に比べて投擲が上手であり、文字で書かれた記録・文献が存在する有史時代より前の先史時代から、投擲によって狩猟や戦いを行っていました。投擲武器には刀剣、斧、槍、棍棒など、さまざまなものがあり、現代においても手榴弾などが投擲武器の一種です。時代や国によって目的に合わせた投擲武器が開発され、そして使用されてきました。

チャクラム
Chakram

全長10〜30cm

平たい金属の輪になっている武器。金属の幅は2〜4cm程で、円の外側が刃になっています。内側に指を入れ、回転で勢いをつけて投げるほか、円盤を指ではさんで投げる方法があります。

ボーラ
Bola

全長70cm

複数のロープの先端に球形の重りをつけている武器です。先史時代のアジアが起源と言われ、打撃だけでなく、足に絡ませることによって、相手の動きを止めることもできます。

スタッフスリング
Staff Sling

遠心力によって石を飛ばすスリングの射程距離を伸ばすために強化された武器で、木の柄が取り付けられています。スリングに比べて射程距離はもちろん、威力も増しました。

全長100〜110cm

カタパルト
Catapult

騎馬隊や城などの建築物を標的として使われた兵器です。木材や獣の毛などの弾力、さらにはてこの原理を使って石などを飛ばします。日本では投石機などと表記されます。

全長は形状により異なる

手裏剣
Shuriken

忍者が使う忍具の中で、もっとも知られているであろう手裏剣。その形状は十字型などになっている「平型手裏剣」と、棒状になっている「棒手裏剣」の2種類があります。

Scythe

－ 鎌 －

草や芝などを刈り取るための農具の一種である鎌は、農耕に関わる考古遺物として出土しました。農民が使う道具ではありますが、刀剣を持っていない農民の一揆や反乱などでは武器としても使われていました。ギリシア神話では、月鎌のハルパーは農耕の神・クロノスや英雄・ペルセウスの武器として登場します。ただし、突く、斬るなどの攻撃が難しいため、戦闘では剣や槍には勝てないとされる意見も多くあるようです。

鎖鎌
Kusarigama

鎌に鎖分銅を付けた武器で、相手の体に分銅を直接ぶつけたり、鎖を手足などに絡み付かせて動きを封じてから、鎌で切りつけたりして使いますが、熟練度が求められます。

大鎌
Scythe

見た目の形からは恐ろしい武器に見えますが、切りつけるには対象を刃の内側に捕えて引っ掛ける動作が求められるため、武器としては扱いづらいとされています。

死神の大鎌

大鎌を持つ者のイメージと言えば、やはり死神でしょう。ゲームやアニメなどに登場する死神の多くが、この大鎌を構えています。死神とは、生命の死を司るとされている神であり、世界各地に伝説が存在しています。伝承において登場する死神たちは、間もなく死を迎える人間の魂を集めると言われ、やはり大鎌を手にした姿をしていることが多いとされています。振り下ろされた大鎌は、必ず何者かの魂をとり、その死神の鎌から逃れるためには、他の者の魂をささげなければならないと言われています。

－ 鞭 －

鞭は、棒状の柄の先に皮や麻などを編んだしなやかな紐をひとつだけ付けた革鞭や紐鞭で、なおかつ「一条鞭」と呼ばれるものが一般的。他にも紐を何本もつけることによって威力を高めたバラ鞭、さらには竹や金属などを使い、しなりを持たせた細長い棒状や竿状のものも存在します。使い方は、振り回して打ちつける。一見、簡単に扱えそうと思えますが、狙ったところへ命中させるには、熟練された腕が必要となる武器です。

乗馬用鞭
Riding Whip

乗馬で使われている鞭は、「短鞭」「長鞭」「追い鞭」の大きく3種類に分けられます。短鞭は馬の肩、長鞭は馬の脚の後ろやお尻に当てて使い、追い鞭はもっとも推進力を与えます。

全長は種類によって異なる

バラ鞭
Cat o' nine tails

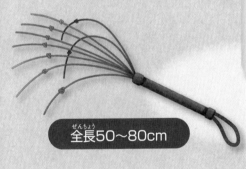

全長50〜80cm

数本の革紐を柄の部分で束ねた鞭で、9本の紐が束ねられているものは九尾鞭と呼ばれます。それ以上の本数のものは千条鞭と呼ばれ、拷問などに使われました。

一本鞭
Bullwhip

複数の細い革紐を束ねて1本に編み込み、柄の先から鞭になるもの。元々はカウボーイが牛を追い立てるために使っていましたが、拷問などで使われることも多かった鞭のひとつです。

全長100〜120cm

Ranged weapon

－ 射程武器 －

物の発射の起点と着弾点との水平距離を射程と言います。ここでは人間の手を使い、標的に向かって放たれる武器を紹介していきましょう。これらは武器として使われる一方で、狩りの道具としても使われてきました。また、子ども向けのおもちゃとしても販売されているものもあり、現代人にとっても馴染みのあるものです。ただし、おもちゃの場合は扱い方に注意や制限がありますので、ルールをしっかり守りましょう。

ブーメラン
Boomerang

全長40〜80cm

形は「くの字」に曲がっていて、勢いよく投げると回転して飛んでいき、手元へと戻ってきますが、武器としては当てることを目的としているため、戻らないタイプもあります。

スリングショット
Slingshot

Y字型の本体にゴムひもを張り、ゴムの動力によって金属製の弾や石などを対象に向けて発射します。威力は弾の重さ、ゴムの種類や伸び率などによって大きく変わります。

吹き矢
Blowgun

全長100〜300cm

矢を吹き筒という筒の先端に差し込み、反対側から息を強く吹きかけることで発射します。古くは狩猟の道具として、さらには隠し武器の暗器としても使用されていました。

- 杖 (つえ) -

手で持つことに適した、細長くて真っ直ぐな棒を加工して作られる杖は、「指導者や知識人の象徴」として扱われ、他にも魔法使いのアイテムとしても使われています。その意味合いは、呼び方によっては異なる場合があり、訓読みで「つえ」とした場合には、道具としての「杖」を意味するのに対して、音読みで「じょう」とした場合には、武器である「棍棒」の一種を指しています。また、西洋では用途によって呼び名が変わります。

ロッド
Rod

基本的には長い杖で、伸縮したり、折りたたむことが可能です。棒状となっている形状から、日本ではファンタジーにおける「杖」を指す用語としても使われています。

スタッフ
Staff

見た目は飾り気がなく、質素な印象を受ける杖です。主に実用向けに作られた杖であり、突いたり叩きつけたり、棒や棍などの武器に近い使われ方をされています。

ワンド
Wand

西洋の古典的な「魔法の杖」と言えば、このワンドです。片手で持つ短い杖であり、神々や祖先などをまつる際には、豪華な装飾で彩られたものが使われます。

ナックル
Brass Knuckle

いわゆるパンチの威力を強化する目的で使われる武器です。拳に装着して使いますが、金属製のものは相手を打撃するだけでなく、硬いものを破壊する場合にも使われます。

本
Grimoire

フランス語で「魔術の書物」を意味するグリモワール。悪魔や天使を呼び出すための黒魔術の手引き書で、中世後期から19世紀までヨーロッパで広まっていました。

旗
Flag

旗は掲げることによって、味方をふるい立たせる役割を果たしますが、ファンタジー作品やゲームの世界では棒や槍、斧などに分類される武器として登場することもあります。

角笛
Horn

ゲームの世界ではモンスターを破壊したり、遠くまで聞こえる大きな音を鳴らしたり、さらには狩猟用のアイテムとして、挑発をしてヘイトを上昇させる効果などを発揮します。

雷霆
Keraunos

ギリシア神話の神ゼウスの武器で雷そのもの。巨人のキュクロプスから与えられたその雷霆（ケラウノス）は、きらめく光とともに一撃で世界を滅ぼすと言われています。

糸
Thread

相手を縛る時や切断する時などに使われる武器。普通の糸では強度が足りないため、武器としては鋼鉄製の糸（鋼の糸）などを用いますが、扱いには高度な技術が求められます。

バールのようなもの
Something like a crowbar

鉄製の工具のバールに見えるが、実際はそのバールに良く似た別の物。とあるゲームでは、強化していくとバールのような物からバール、さらにバールだった物へと変化しました。

ヨーヨー
Yoyo

一般的なヨーヨーは木製またはプラスチック製ですが、マンガやアニメの世界での武器としてのヨーヨーは鋼鉄製などで、敵に向かって投げ当てるなどの打撃を与えます。

チェーンソー
Chainsaw

現実では林業などで使われるチェーンソーは、創作の世界では武器としても扱われます。特にホラー作品では、相手を切り刻むための凶器としてのイメージが強い武器のひとつです。

銃
Gun

筒の中で火薬を炸裂させ、弾丸を撃ち放つ射撃武器の一種です。架空の世界はもちろん、現実世界においても存在し、撃った相手を死なせてしまうこともある恐ろしい武器です。

- 鎧 -

戦いの際、矢や刀剣、銃撃などの攻撃から身を守るために重要となるアイテムが鎧です。素材は革や青銅、鉄などさまざまで、鉄の場合は板金を加工したり、鎖状にしたりなど、目的や用途によって工夫を施して作られてきました。頭部を守る兜や他の防具とセットになったものは甲冑とも呼ばれています。日本、中国、西洋など国や地域によって形態などは違いがあり、時代によっても武器に合わせて変化を遂げてきました。

キュイラッサーアーマー
Cuirassier Armor

火薬銃から身を守るために開発されたこの鎧は、前方から放たれた銃撃に対して高い防御力を発揮します。しかし、横や後ろからの銃撃に対しては防御力が低いことが弱点です。

プレートメイル
Plate Mail

鎧形式の防具であるチェインメイルの上から板金の肩当てや膝当て、胸当てなどの鎧を追加した防具です。

そのため、チェインメイル単体よりも防御力が高くなります。

ブレストプレート
Bleast Plate

体に合わせた金属の胸当てで、心臓などの急所をしっかりと守ってくれる鎧です。手足の防御力が低くなる代わりに、その手足の動きの邪魔にならないため、機動力を発揮します。

ハーフアーマー
Half Armor

戦術の中心が銃になった16世紀以降の代表的な鎧です。歩兵用に製作され、機動性を重視して開発されました。全身を覆うのではなく、文字通り胴体のみを守る防具です。

リネンキュラッサ
Linen Cuirass

古代ギリシアで使われていたリネン（亜麻布）製の鎧です。胴体の前後を守る青銅製の鎧のキュラッサを軽量化するために、ニカワという接着剤で固めた布を使って作られました。

ブリガンダイン
Brigandine

革などで作った服の裏に、すき間なく金属片を打ちつけることによって強度を高めた鎧です。12世紀末から17世紀頃にかけて製造され、歩兵などに愛用されていました。

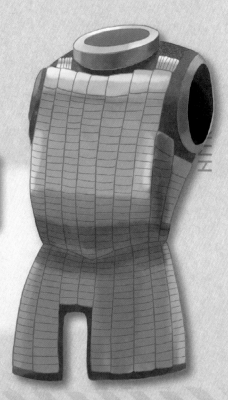

クロスアーマー
Cloth Armor

布製の鎧であることから、刀剣などで斬られたり、突かれたりという攻撃に対しては大きな効果は期待できませんが、打撃による衝撃を和らげる効果はあります。

スケイルアーマー
Scale Armor

スケイルとは鱗のことで、丈夫な布地に金属片や革を鱗状にビョウなどで取り付けた鎧です。防御力は高くはありませんが、柔軟性があるため、身に着けていても動きやすい鎧です。

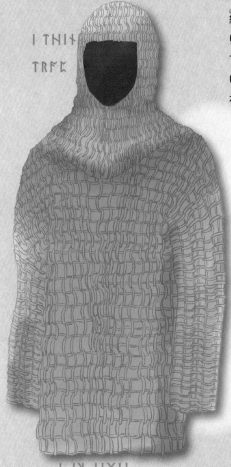

チェインメイル
Chain Mail

細く伸ばした鋼線（鋼鉄の針金）で輪を作り、それらをつなぎ合わせて服の形に仕立てたこの鎧は、日本では鎖帷子と呼ばれています。他の鎧の下に着用するなどして使われました。

- 盾 -

Shield

刀剣の斬撃や刺突、鈍器による打撃、さらには矢や銃弾などから身を守るために使われる防具の盾。手に持って使用する小型の「持盾」のほかに、陣地の周りに置く「置盾」がありますが、その素材は木製、革製、鉄製など、時代によっていろいろな素材が使われて作られました。また、形も丸盾、四角盾、長方盾など、さらに大きさもさまざまです。攻撃する武器に合わせて、それから身を守る防具も進化を遂げてきました。

ラウンドシールド
Round Shield

形は完全な円形の丸い盾。その中央にはアンブーまたはオーブと呼ばれる金属製の円形具があります。裏面に取り付けている取っ手を握れるよう、円形具の中は空洞になっています。

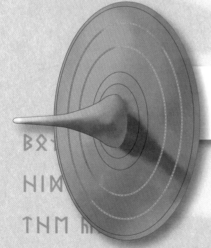

アスピス
Aspis

青銅製の丸い盾で、古代ギリシアなどで使われていました。盾の前面の中央部に取り付けられているオムマローイと呼ばれる円すい状の突起が特徴的で、歴史のある防具のひとつです。

ホプロン
Hoplon

古代ギリシアの歩兵たちが装備していた円形の盾で、歩兵たちは密集した隊形を組んで戦いました。直径は1mほどありましたが、のちに軽量化によって60cmほどになりました。

ペルタ
Pelta

古代ギリシアで使われていた三日月型の盾です。軽量で体への負担が軽いことから、軽装の兵士たちの防具として重宝され、その部隊は「ペルタスト」と呼ばれるようになりました。

カイトシールド
Kite Shield

上部は丸く、下部は尖った西洋の凧（カイト）のような形状をした盾。主に馬に乗って戦う兵士が使っていました。腕などにしっかり固定して使うため、高い防御力を発揮しました。

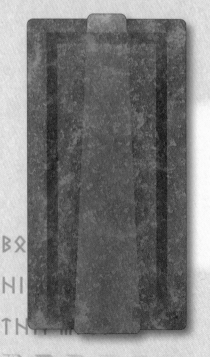

パビス
Pavis

長方形の据え置き型の大きな盾で、弓兵などの防御盾としてヨーロッパで広く使われました。弓兵はこの盾に身を隠しながら矢を射つ準備をし、そして攻撃することができました。

スクトゥム
Scutum

時代によって形状は変わり、だ円形または長方形の盾。古代ローマ時代のローマの軍団兵が使っていた盾で、この盾を上に掲げて密集した隊列を作り、攻城戦に挑んだりしました。

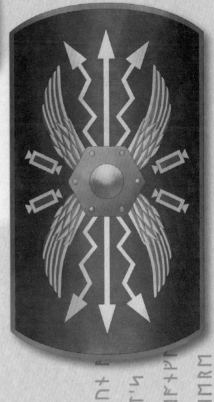

アイギスの盾

ギリシア神話の女神アテナ（主神ゼウスの娘）が装備しているアイギスの盾は、邪悪なものや災いを払う魔除けの能力を持っているとされており、ありとあらゆる攻撃を防ぐと言われている最強の盾です。また、中央には英雄ペルセウスから献上された魔物メドゥーサの頭（首）が取り付けられているため、これを見た者を石化させてしまうという恐ろしい武器。

アイギスは英語では「イージス」と言い、この名のほうが知られているかもしれません。日本の海上自衛隊も導入しているイージス艦の名称はここから付けられました。

- 兎 -

人間同士の戦いの上では最も狙われやすいのが頭部。脳震盪を起こすと動くことができず、戦場では死に直結するからです。また弓矢による遠距離攻撃も頭部を狙われることが多く、それらの部分を守る兎は非常に重要な防具でした。最初の兎は動物の皮を加工したもので、金属加工技術が発展すると金属製の兎に変わっていきました。17世紀に入って銃が発達すると、金属製の鎧と同様金属製の兎も動きを阻害するため廃れていきました。

グレイトヘルム
Great helm

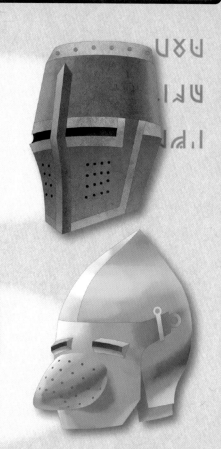

12世紀後半に生まれ、14世紀までヨーロッパで使用された兎です。数枚の湾曲した金属板を張り合わせて作ったもので、バケツや寸胴鍋のような外見が特徴です。

バシネット
Bascinet

ハウンスカル(犬面)と呼ばれる鳥のくちばしのように円錐状に突き出た顔面が特徴で、前方向からの攻撃を防ぐのに役立ちました。顔面部分は持ち上げることも可能です。

スパンゲンヘルム
Spangen helm

スキタイ人の兜で、6世紀ごろにはヨーロッパに伝わっていたと考えられます。外枠（スパンゲン）を作ってから分割されたお鉢用の板金を留めています。ヴァイキングの兜も同じ系統です。

アーメット
Armet

15〜16世紀を通して主流だった兜で、バシネットを改良しています。首までしっかりと覆われた当時最高の防御力を持つ兜でした。頭から被らずに顔部分が大きく開いた状態で着脱します。

ケトルハット
Kettle hat

帽子のような形の兜です。矢の攻撃や騎士の頭上からの攻撃に強く、本格的な兜と違って安いこと、メンテナンスがしやすいことから12世紀ごろからヨーロッパ全域で広がりました。

指輪
Ring

ファンタジー作品の重要なファクターとして描かれることも少なくない存在です。

ネックレス
Necklace

首まわりの装飾品だが長さによって呼び名がチョーカー、プリンセスなど5タイプあります。

イヤリング
Earrings

英語ではピアスとイヤリングの区別がなく、全てイヤリングと呼ばれています。

腕輪
Bangle

古代メソポタミアの時代から宝石を使った腕輪が、支配階級の間で使われていました。

ベルト
Belt

古代ギリシア時代の「バルテウス」と呼ばれる武具がベルトに変化したという説があります。

マスク
Musk

紀元前1世紀ごろにローマの鉱山で働く労働者を、酸化鉛の塵から守るために作られました。

靴
Shoes

世界最古の革靴は2008年にアルメニアで発見された、紀元前3500年ごろに作られたものです。

第二章

幻獣とモンスター

ファンタジー作品のキャラクターたち

ファンタジー作品には多数の魔物、妖獣、妖精、巨人、亜人種が登場します。

●ドラゴン

代表的なモンスターとして最初に登場するのにふさわしいのはドラゴンではないでしょうか。形状や設定はさまざまなパターンがありますが、強大な力を持つ爬虫類的な大型生物というイメージは、ほぼ共通したものではないでしょうか。もとはドラゴンと蛇は同一のものと考えられ、ギリシア語で「ドラコ」といわれていましたが、中世以降に翼や手足、爪などがある姿が定着し、現代のイメージに近づきました。東洋の竜（龍）は神格化されていて、西洋のドラゴンとは異なり信仰するべき神の象徴といったイメージを持たれていることが多いようです。

●巨人

さまざまなファンタジーや神話、伝説によく登場するのが長身で巨体の人型生物である巨人です。ギリシア神話、北欧神話、旧約聖書などにはもちろん、日本にもダイダラボッチなどの巨人伝説が残されています。ファンタジー作品に特にお馴染みなのは、石やレンガでつくられたゴーレムや毛むくじゃらの巨人トロール、ギリシア神話に登場する単眼の巨人サイクロプスなどでしょうか。

●小人

　ファンタジーの世界でお馴染みの小人ですが、記憶に強く残っているのは映画「ロード・オブ・ザ・リング」（原作は指輪物語）で大活躍したホビットやドワーフでしょうか。正義感が強かったり特殊な技術を持っていたり、小さな体なのに力があったりと個性的なキャラクターとして描かれることが多いようです。ただし、ゴブリンのようにグロテスクな姿で人に害を与える小人もいます。

●亜人種

　同じように「ロード・オブ・ザ・リング」で活躍したエルフは映画の中で美しい妖精として描かれていました。北欧神話に起源を持ち、ヨーロッパのほとんどの地域で語りつがれてきている妖精です。エルフは長命で神に近い存在として描かれ、そのイメージは「指輪物語」で定着し、映画でさらに現代に広まったと言えるかもしれません。

●モンスター

　フランケンシュタインの怪物や吸血鬼ドラキュラ、ミイラ人間などは最も古典的なモンスターです。小説や映画などから生まれたキャラクターが、現代でもファンタジー作品などで活躍しています。近年ではそれらのモンスターに加え、感染症などで動き出した死体が知性をなくし、生きものを追いかけて捕食するというゾンビが人気を集め、テレビドラマ「ウォーキング・デッド」のシリーズは世界的なヒット作になっています。

　この第二章では、これらのカテゴリーに該当しないキャラクターも多数登場します。

－ ドラゴン －

ドラゴン
Dragon

馬のような長い顔に鹿のような角、蛇のようなウロコにコウモリのような羽を持つモンスターの王。手と足が2本ずつあり地下の洞穴で財宝を守っていたり、炎を吐いたりします。

ワイバーン
Wyvern

中生代にいたプテラノドンのような羽と2本の足、矢じりのようなとがった尻尾を持つドラゴンの一種。炎は吐けないなどドラゴンより弱く設定されていることが多いです。

ナーガ
Nāga

インド神話に登場する蛇の精霊あるいは蛇神。インドに存在する蛇、コブラを神にした存在で、天気を操る力があると言われています。仏教では竜王とされています。

ヒュドラ
Hydra

ギリシア神話に登場する魔物で、失っても再生する9つの頭と神様も殺せる毒を持っています。ギリシア神話の大英雄であるヘラクレスによって倒されました。本書では作画構成上、頭を3つだけ描いています。

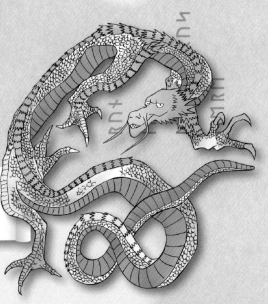

東洋の龍
Ryu

東洋の龍は蛇をモチーフにしていて、中国の龍は爪が5本、日本の龍は爪が3本で描かれます。水に縁があり、降雨、台風、洪水を制御すると言われています。

Sea Creatures

- 海に住むもの -

リヴァイアサン
Reviatan

旧約聖書に起源をもつ海のドラゴンです。ヘビやウナギのような長い体に強固なウロコを持ち炎を吐き、ヒレや尾は魚のような形をしています。

クラーケン
Kraken

近世ノルウェーに伝わっていた海の怪物で、船を襲うイカやタコのイメージがあります。巨大なダイオウイカがモデルであると考えられています。

人魚（にんぎょ）
Marmaid

上半身が美しい女性、下半身が魚という人魚。美しい声で船を沈めるというイメージはギリシア神話のセイレーンに由来すると考えられています。

スキュラ
Scylla

ギリシア神話やオデュッセイアに登場しています。上半身は美しい女性で、腰からは犬の前半身が生え、下半身は魚です。陶器画では剣を持っていることもあります。

ダゴン
Dagon

上半身が魚の半魚半人の怪物です。悪魔としてのダゴンは地獄のパンの製造と管理を司る存在であるとされています。元々はユーフラテス河中流域に起源をもつ神様でした。

超巨大になったり、竜巻に乗ってやってきたり、頭が増えたり、他のモンスターと合体したりして、あらゆる場所に現れては人間を食べます。

サメ
Shark

ペガサス
Pegasus

ギリシア神話に登場する鳥の翼を持ち、空を飛ぶことができる白馬です。海の神ポセイドンとゴルゴンのメデューサの間の子でメデューサの血から生まれました。

サンダーバード
Thunderbird

大きな鷲の姿をして自由自在に雷を落とすことができるという、ネイティブアメリカンなどの伝説や神話に登場する雷の精霊であり神鳥。大きな羽はカヌー2つ分くらいの長さと言われます。

ハーピー
Harpuiai

ギリシア神話に登場する女性の頭を
持った鳥の姿の怪物です。醜い姿を
し、人の食事を盗んだり人を誘拐した
りしますが、最近は美しい姿で描かれ
ることが多いです。

グリフォン
Grifin

上半身が猛禽類、下半身がライオンの怪物で古
くから多くの物語に登場しています。高山など
に住み、その住処に大量の黄金を蓄えていると
言われています。

ラミア
Lamia

元は美しい女性で、ギリシア神話のゼウスと浮気をしたところ、ゼウスの妻ヘラに子どもを殺されて悲しみのあまり他人の子どもを殺す怪物になったと言われています。

エキドナ
Echidna

上半身は美女で下半身は蛇という姿の怪物で、テュポーン、ヒュドラ、ケルベロス、キマイラなどギリシア神話に登場する多くのモンスターを生んだとされています。

ゴルゴン
Gorgon

ギリシア神話に登場する全身が黄金のうろこにおおわれ、頭髪は蛇、翼があり、イノシシのようなするどい牙を持つ怪物。目を合わせたものを石に変える力を持っています。

バジリスク
Basilisk

中世ヨーロッパの伝説の毒蛇です。全身のあらゆる部分に毒を持ち、見ただけで人を殺す、あるいは石化させると言われています。イタチの臭いが苦手だという伝承があります。。

八岐大蛇
Yamata no orochi

日本神話に登場する8つの頭と8本の尾を持つ竜の怪物。日本の主神天照大神である素戔嗚尊が酒に酔わせて倒し、その尻尾から出た剣が三種の神器の一つ天叢雲剣(草薙剣)です。

天使
Angel

ユダヤ・キリスト・イスラム教の聖典に登場する神の使いです。神の伝令として神の言葉を人間に伝える役目を持っています。天使に翼が描かれるのは4世紀になってからです。

高位の天使
Seraph

位の低い天使は人間に近い姿をしていますが、高位の天使はイラストのセラフのように天使としてのヒエラルキーが高い＝神に近いほど、人間からかけ離れた姿をしています。

ベヒモス
Behemoth

ユダヤ・キリスト・イスラム教の聖典に登場する神によって作られた存在で、海のリヴァイアサンと対をなす陸の王とされています。悪魔としては象やサイとして描かれます。

グレンデル
Grendel

イギリスの伝承「ベオウルフ」に登場する巨人の怪物で、体に剣などの刃のある武器は通さないため英雄ベオウルフは、最初は素手で対応し、最後はフルティングという剣で首をはねました。

サタン
Satan

高位の天使の中でももっとも地位が上の存在である天使長ルシフェルが神に反逆して悪魔になり地獄の長となった存在です。冠をかぶった七つの頭と十本の角を持つとされています。

キマイラ
Chimera

ギリシア神話に登場する怪物で、ライオンの頭と山羊の胴体、蛇の尻尾を持ち、口からは炎を吐くと言われています。異なる生き物を混ぜた存在であるキメラの語源にもなりました。

バロメッツ
Barometz

収穫時期になると実をつけ、採取して割れば中から肉と血と骨を持つ子羊が収穫できる植物です。実は植物の繊維である木綿を知らない人が羊毛を生む木と勘違いしたのです。

マンティコア
Manticore

中東のペルシア（現在のイラン）の伝承に出てくる人面・獅子の胴体・サソリの尾を持つ合成獣です。頭が良く、人間を食べるとされています。

人狼
Werewolf

ヨーロッパ各地に伝わる二足歩行をする獣人の中でも一番有名な存在。昼間は人間ですが、夜になると人狼に変身するようです。20世紀の映画の影響で銀の弾丸が弱点と言われています。

- 幽霊 -

ゴースト
Ghost

幽霊や亡霊と呼ばれる存在で実体はありません。人間の生命力をうばい、ゴーストに殺されたものはゴーストとなって他の人間を襲います。

青白い光を放ち浮遊する球体、あるいは火の玉。罪を犯した存在や洗礼されていない子どもの魂がさまよっているとも言われます。夜の湖や沼の付近や墓場などに出没します。

ウィル・オー・ウィスプ
Will-O'-the-wisp

レイス
Wraith

ゴーストと同様に実態はなく、魔法使いが魔法で肉体を捨てて変化した存在とも言われています。生前の記憶や知識があり、アドバイスをくれることもあります。

スライム
Slime

一定の形を持たないモンスターで、本能のままに人を襲います。日本ではゲームの印象で弱いイメージがありますが、やわらかいため攻撃が当たりづらく、金属の武器だと錆びることもあります。

バンシー
Banshee

人の死を予見するという、スコットランドおよびアイルランドの伝承に出てくる妖精。予見するだけであって、死を運んでくるわけではなく、ただ泣いているだけの無害な妖精です。

バーバヤーガ
Baba Yaga

スラヴ民話に登場するこの魔女は、森の中で暮らしています。骨と皮だけのやせこけた老婆の姿をしており、民話では大抵、子どもを連れ去って食べてしまう悪役として登場します。

吸血鬼
Vampire

世界中の神話や民話に登場する人の生き血を
吸う怪物。伝承の中では日光や銀の武器、十字
架などが吸血鬼の弱点とされており、作品に
よってはコウモリや狼などに変身します。

- 死んでいる者 -

ゾンビ
Zombie

ホラー作品などで目にするゾンビとは、死体のままよみがえった人間。その起源は西アフリカのブードゥー教で、司祭によって呪術でよみがえらされた「奴隷化された死体」です。

フランケンシュタインの怪物
Frankenstein's monster

イギリスの小説家メアリー・シェリーの小説「フランケンシュタイン」に登場する怪物で、科学者ヴィクター・フランケンシュタインが創り出したこの人造人間は本来、名前はありません。

マミー
Mummy

ミイラ状の死体を元にしたこの不死の怪物は、汚れた包帯に巻かれ、不気味な印象を与えます。乾燥しているゾンビの一種でありながら、炎が弱点とされることもあります。

キョンシー
Jiangshi

いわば中国版のゾンビであるキョンシーは、死後硬直が進んでいるために動きがギクシャクした感じになっており、死体なのに肉体が腐らないのも特色のひとつです。

スケルトン
Skeleton

動き回る骸骨の戦士で、ギリシア神話に登場する「スパルトイ」が元となった怪物。骨の一本一本を砕かない限りは滅びることがないとされているため、とてもしぶとい存在です。

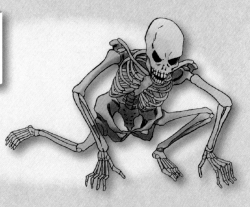

オーガ
Ogre

北ヨーロッパでは乱暴でむごいことを平気でする性格の怪物です。人の生肉を食べるとされている一方で、引っ込み思案で気が弱い面もあります。女性はオーグリスと呼ばれます。

グール
Ghoul

アラブの伝承に登場する怪物の一種です。砂漠に住んでおり、女性はグーラーと呼ばれます。墓をあさって死体を食べたり、時には子どもをおそって食べることもあります。

ノーム
Gnome

地・水・火・風の四大元素のうちの地を司る妖精
で、身長は12cmほどの小人。主に地中で生活
しており、地中をものすごい速さで移動するこ
とができると言います。

ゴブリン
Goblin

森などに住み、時々人が住んでいるところに現
れては悪さを行う妖精です。ヨーロッパの伝承
などに登場し、時には平気で人間を死に追いや
るようなこともします。

- 巨人 -

サイクロプス
Cyclops

サイクロプスはギリシャ語のキュクロープスの英語読み。優れた鍛治技術を持つ一つ目の巨人であり、天空神ウーラノスと大地の神ガイアとの間に生まれた子どもたちです。

タイタン
Titan

ギリシア神話に登場する巨大な体を持つ神々。ゼウスが率いるオリンポスの神々との戦いに敗れて、冥界の深いところにあるタルタロスに閉じ込められてしまいました。

ゴーレム
Golem

自分で動く泥人形のゴーレムは、ユダヤ教の伝承に登場します。自分を作った人の命令だけを忠実に守って実行し、制限や条件を守らないと乱暴になってしまいます。

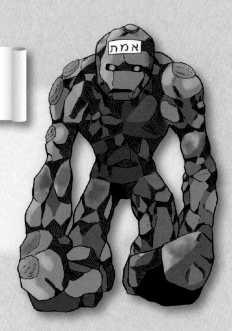

トロール
Troll

北欧の国の伝承に登場する妖精の一種であり、毛むくじゃらの巨人として描かれていましたが、のちには小さい姿で描かれるようになりました。変身能力があるとされています。

ケンタウロス
Centaur

人間の上半身と馬の首から下を合わせた体を持つケンタウロスは、ギリシア神話に登場する半獣の種族です。主な武器は槍や弓矢などで、不死としても知られています。

ニンフ
Nymph

ニュンペーの英語読みで、山や川、森などに宿り、それらを守るこの精霊は女性の姿をしており、歌や踊りを好みます。花を咲かせたり、病を治すなど、人々から崇められています。

ケルベロス
Kerberos

冥府の神ハデスに忠実な番犬として、冥府の入口を守っています。3つの首を持ち、蛇（竜）の尾、首元からは無数の蛇を生やした姿で、3つの頭は交代で眠っています。

アラクネ
Arachne

ギリシア神話に登場する織物の名手の女性で、織物の女神であるアテネとその技を競ったと言います。そしてアテネによって、その姿をクモに変えられて生き続けることになりました。

- 北欧神話のロキの子どもたち -

ヨルムンガンド
Jormungand

ミドガルズオルムとも呼ばれている
ヨルムンガンドは、巨大な蛇の姿を
し、神話によっては腕やツノを持っ
ています。主神オーディンによって
人間界に捨てられ、巨体に成長しま
した。

フェンリル
Fenrir

悪神と言われるロキの子で、巨大な狼の姿を
した怪物です。口から火を吐き、凶暴な性格で
あるものの、一方では言葉を話すという知能を
持っているとされています。

ヘル
Hel

冥界の支配者であるこの女神は、北欧神話の中にあって、唯一死者を生者に戻すことができる能力と権利を持っているとされています。ヨルムンガンド、フェンリルの兄弟。

スレイプニル
Sleipnir

北欧神話の主神オーディンが乗る馬で、8本の脚を持っています。そのため、どの馬よりも速く、さらには全ての世界を自在に駆けることができる能力を持っています。

- 指輪物語でお馴染みの種族 -

エルフ
Elf

ヨーロッパの国の伝承に登場するこの妖精には「光のエルフ」と「闇のエルフ」のそれぞれがいるとされています。ファンタジーでは長く尖った耳が特徴的に描かれます。

ドワーフ
Dwarf

ファンタジー作品でよく目にするこの妖精は、グリム童話の「白雪姫」の7人の小人としても有名。高度な鍛冶技術を持ち、男性の場合は長く生やしたヒゲが特徴的です。

オーク
OrcまたはOrk

人間とは異なる架空の種族で、その多くは魔王や悪の魔法使いなどの手下という設定のもと、主人公たちや正義の味方の前に立ち塞がります。

ウルク＝ハイ
Uruk-hai

小説「指輪物語」に登場する亜人種で、オークの上位種です。体は人間ほどの大きさとされており、力が強くて日光に耐えられる性質を持っていることが最大の特徴です。

- 指輪物語でお馴染みの種族 -

エント
Ent

「指輪物語」などに登場する精霊の一族であり、寿命が長く、他の種族から森林を守って生きています。樹木そのものの姿をしていて、基本的には穏やかであることを好みます。

ホビット
Hobbit

何よりも平和と食事を愛し、喫煙を好むホビットは、大抵の場合太っています。架空世界の中つ国に住み、目がよいことから、石投げと弓矢の扱いが上手い種族です。

マイアール
Maiar

小説「指輪物語」「シルマリルの物語」に登場する種族です。天使的な存在のアイヌアの召使いであり、助言者でもあるという立場におり、世界の形成を共に手伝いました。

ナズグル
Ringwraith

ナズグルは「指輪(nazg)の幽鬼(gul)」という意味で、小説「指輪物語」に登場する9人の怪物です。主の命に従い、指輪を狙って駆け回り、敵対する人間やエルフなどを襲いました。

ユニコーン
Unicorn

どう猛で力強く山のように大きいこともあれば、女性の膝にのるほど小さくなることもあります。紀元前4世紀後半にギリシア生まれの医師・歴史家が「インド誌」という本に書いたのが始まりです。

ミミック
Mimic

宝箱などになりすまして人をおそう怪物で、ミミックは「真似る」「似せる」を意味する英単語です。RPGゲームではお馴染みで、手痛い思いをしたプレーヤーも多いことでしょう。

ビスクラブレット
Bisclaveret

マリー・ド・フランスのレーの中の一編で登場する狼男がビスクラブレットです。衣服があれば人間に戻ることができますが、奥さんに裏切られ、しばらく人狼のまま戻れなくなってしまいました。

デュラハン
Dullahan

アイルランド地方に伝わる妖精で、頭部のない胴体の姿のいわゆる「首なし騎士」です。死を予言して実際に執り行ない、討ち取った首を手や胸元に抱えて馬に乗っています。

レプラコーン
Leprechaun

「レプラコーン」は小さな体を意味する名前であり、アイルランドの伝承に登場する妖精です。金が入った壺を持ち、目をそらすとイタズラを仕掛けて笑いながら姿を消します。

ケルピー
KelpieまたはKelpy

その姿は馬に似ており、人の肉を好んで食べるという恐ろしい妖精で、水に関わる魔法を使います。スコットランド地方の水辺に住み、人間をおびき寄せておぼれさせます。

ケット・シー
Cait Sith

人間のように二本足で歩き、人間の言葉を話すほかに魔法も操る猫の妖精です。犬と同じくらいの大きさの黒猫の場合が多いのですが、中には虎猫やぶち猫の姿をしたものもいます。

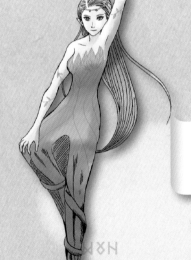

ドライアド
Dryad

英語名はドリュアスで、ギリシア神話に登場する木の精霊。滅多に人前に姿を現すことはないが、美しい娘の姿をして、誘惑した美しい男性や少年を木の中に引きずり込むことがあります。

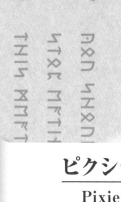

ピクシー
Pixie

体が透明な妖精なのですが、頭に四葉のクローバーを乗せると人間たちに自分の姿を見せることができます。怠け者に対して、いわゆるポルターガイスト現象を起こしてこらしめます。

コボルト
Kobold

元々はドイツの民間伝承に登場する妖精です。伝承の地域によっては山や大地の守り神であると信じられているそうで、また、金属元素コバルトの名称もこれに由来しています。

ブラウニー
Brownie

通称「お手伝い妖精」と呼ばれる素直で性格のよい妖精です。民家に住みつき、住人が留守の時や眠っている間に掃除などの家事をして、家の中をきれいにしてくれます。

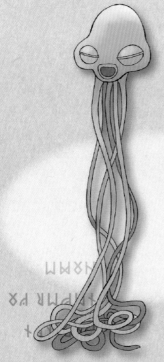

火星人
Martian

地球の外側にある惑星の火星に住んでいると考えられている架空の宇宙人で知的生命体。頭が大きく、タコのような細い手足の生物というイメージを持っている人が多いでしょう。

－ ソロモン王が召喚した72柱の悪魔 －

Goetia

ゴエティアの悪魔

　　17世紀から伝わるソロモンに由来する5つの魔法書をまとめた「レメゲトン」(作者不明)の第一部「ゴエティア」には、ソロモン王が使役した72人の悪魔を呼び出して、様々な願望をかなえた手順が記されていたと言います。その書には、72人の悪魔の性格、姿、特徴などのほか、魔方陣の書き方も書かれていました。1818年に刊行された「地獄の辞典」(コラン・ド・プランシー著)とともに悪魔学の原典になっているようです。

1　バアル	2　アガレス	3　ウァサゴ	4　ガミジン
5　マルバス	6　ウァレフォル	7　アモン	8　バルバトス
9　パイモン	10　ブエル	11　グシオン	12　シトリー
13　ベレト	14　レラジェ	15　エリゴス	16　ゼパル
17　ボティス	18　バティン	19　サレオス	20　プルソン
21　モラクス	22　イポス	23　アイム	24　ナベリウス
25　グラシャ=ラボラス	26　ブネ	27　ロノウェ	28　ベリト
29　アスタロト	30　フォルネウス	31　フォラス	32　アスモデウス
33　ガーブ	34　フルフル	35　マルコシアス	36　ストラス
37　フェニックス	38　ハルファス	39　マルファス	40　ラウム
41　フォカロル	42　ウェパル	43　サブナック	44　シャックス
45　ヴィネ	46　ビフロンス	47　ウヴァル	48　ハーゲンティ
49　クロケル	50　フルカス	51　バラム	52　アロケル
53　カイム	54　ムルムル	55　オロバス	56　グレモリー
57　オセ	58　アミー	59　オリアス	60　ウァプラ
61　ザガン	62　ウァラク	63　アンドラス	64　フラウロス
65　アンドレアルフス	66　キマリス	67　アムドゥスキアス	68　ベリアル
69　デカラビア	70　セーレ	71　ダンタリオン	72　アンドロマリウス

神話と術

神話はファンタジーに欠かせない要素

　日本全国にある神社の数は約8万社と言われています。コンビニの数が約5万6千店舗と言いますから、それより遥かに多いことになります。それだけ神社の数が多いということは、日本人にとって日本の神話は身近なものなのかもしれません。

　学校でも「古事記」や「日本書紀」に授業でふれることがありますし、何かあると神社に行き手を合わせることがあります。

　神話があるのはもちろん、日本だけではありません。ギリシア神話や北欧神話のようにファンタジーの世界のモチーフになるような物語もあります。神話は大きく分けると、創世神話、神々の神話、英雄神話の3つがあります。創世神話は主に事物の起源を記したもので、世界起源神話や人類起源神話、文化起源神話があります。どのようにして太陽や月、大地がつくられたのかという物語です。日本の神話でもイザナギとイザナミが大地を造り出す物語が世界起源神話になっています。

　人類起源神話では、動物の中で人間だけ特別な存在になるという物語が見られます。言葉を話すようになったり、火を使うようになったり、人間をほかの動物と区別して一つの秩序をつくっているようです。

　神々の神話や英雄神話にはドラマがあります。特に文明が発達したところでは、創世神話よりも神々や英雄のストー

リーが、ボリュウムたっぷりに繰り広げられることが多く、例えばギリシア神話などでは神々の英雄の物語が圧倒的なボリュウムになっています。

神話には共通したテーマの物語が多く見られます。破滅的な展開で描かれるのが、ノアの箱舟に代表される洪水によって大地が水で覆われ、一部の人間だけが生き残るという物語です。こういった洪水に関する神話もいくつかのパターンがあり、海の底から泥を持ち帰る世界起源神話と洪水が結びつくパター

ン。また争う神々のために洪水が起きて人々が亡くなるパターン。神の罰として洪水を起こし、人間を滅ぼすパターンなど、洪水神話が多く見られます。

ファンタジーにはこういった神々の物語をモチーフにしたストーリーやキャラクターが多く見られます。超自然的な力を持つ神々とモンスターたちが繰り広げるストーリーは、ファンタジーの魅力の大きな要素であることは間違いないと思われます。

－ ギリシア神話 －

「世界の起源」から「英雄たちの物語」まで

ゼウスやヘラクレスといったギリシア神話の神々や英雄の名前は、誰もが聞いたことのあるポピュラーなものだと思います。世界中に広まった今日ギリシア神話として伝えられている神々と英雄たちのストーリーは、紀元前15世紀ごろから最初は口承形式で、紀元前8世紀ごろにフェニキア文字を元にした古代ギリシア文字が生まれ、ギリシア神話はこの文字で記録され、後にローマの詩人や文学者によってラテン語で記述されていきました。

ギリシア神話は、「世界の起源」・「神々の物語」・「英雄たちの物語」の3つに大別できます。「世界の起源」は、まさに世界の起源に関する物語で、ボリュウム的には短いものです。「神々の物語」は「世界の起源」と関連する前半と、後半では「英雄たちの物語」に関連してくる人間の運命の背後にある神々のさまざまな活動や考えが、ギリシア神話ならではの奥行きのあるストーリーを展開します。「英雄たちの物語」はボリュウム的に一番大きく、ギリシア神話としてよく知られる逸話は、この部分に含まれていることが多いようです。

古代ギリシアの王族や名家と呼ばれていた人々が、自分たちの家系に権威を与えるために神々や古代の伝説的英雄を祖先として系図に加えていったことで、末端の子孫になるとエピソードも何もない名前だけの羅列になっていったようです。同様のことは日本の「古事記」や「日本書紀」などでも言えるようです。

ギリシア神話の設定を取り入れたローマ神話

　古代ローマの神話には紀元前2世紀に征服したギリシア神話の設定が多く取り入れられています。ギリシア神話の原典を含む文学や哲学を、ローマ人たちが使用するためにラテン語に訳したりしました。そのため、ギリシア神話の神々のほとんどにラテン語名があり、ギリシア神話のゼウスはローマ神話ではユピテルになりました。

　ローマ神話オリジナルのエピソードとして、トロイア戦争で敗北してトロイア（現在のトルコ西岸）から逃亡した若き将アイネイアスがユピテルの命を受け、イタリア半島に来て勢力を広げ、やがて王の捨て子だったロムルスが実権を握って自らの名にちなんだ「ローマ」を築いたとされています。ギリシア文化はローマのラテン語化により、西洋世界に広がっていったと考えられています。

ギリシアとローマの神々の名前の比較

ギリシア名	ローマ名
ゼウス	ユピテル
ヘラ	ユノ
アポロン	アポロ
アルテミス	ディアナ
ポセイドン	ネプトゥヌス
アテナ	ミネルウァ
デメテル	ケレス
アフロディテ	ウェヌス
ヘパイストス	ウェルカヌス
ヘルメス	メルクリウス
アレス	マルス
ヘスティア	ウェスタ

神々も滅亡の危機に

　北欧神話は、北欧の4つの国（アイスランド・スウェーデン・ノルウェー・デンマーク）の伝承の中だけに細々と伝えられ、9世紀から12世紀につくられた詩の中に残されたものです。ドイツやイギリスなどのゲルマン諸国の神話は、キリスト教の影響を受け、民話程度のものとして多少伝承されているレベルのようです。

　スカラーホルトの写本「詩のエッダ」（古エッダ）は、年代も様式もさまざまな29〜31編の詩で構成されています。最初に配列されている詩は11編ある「神話詩」で、ゲルマンの神々を扱った詩。残り

の「英雄詩」は伝説物語「ヴォルスンガ・サガ」の英雄シグルズのような伝説的英雄について書かれたものです。「詩のエッダ」を伝える最重要な写本「王の写本」は、新エッダと呼ばれるスノリの「散文のエッダ」より50年程度後に書き写されたと考えられていましたが、実際には「詩のエッダ」に含まれるいくつかの詩が「散文のエッダ」に引用されているため、「詩のエッダ」は古エッダという別名で呼ばれるようになりました。

北欧神話はギリシア神話とよく対比して論じられますが、敵対する種族が有している勢力である点において、北欧神話の神々の危険度はギリシアの神々よりはるかに高いと考えられます。北欧の神話における巨人族は、神々の手によって滅亡寸前まで追い込まれますが、その後再興し互角以上の力を持つ勢力として神々を圧迫しつづけます。北欧神話における巨人族は神々よりも古く安定した種族であり、その数も多かったようです。北欧神話の神々は、最後まで巨人族を屈服させることができず、最終的には神々の滅亡と世界の終末を描くことになります。蜂起した巨人族と神々の2つの種族は正面から激突することになり、両者は共倒れとなり世界も戦禍により破壊されてしまいます。

圧倒的な大軍である巨人族に、堂々と挑戦する神々の姿、そして死が、北欧神話の勇壮かつ悲劇的な運命を描いています。こうした神々の滅亡が描かれることが、キリスト教やギリシア神話との大きく異なる点になっています。

－ ケルト神話 －

キリスト教の影響で縮小したケルト神話

ケルト神話は鉄器時代のケルト民族の神話ですが、西ヨーロッパと中央ヨーロッパの大部分が、最盛期のケルト人の世界であった時にケルト人の宗教慣行は地域によって異なり、太陽神ルーやいくつかのモチーフが共通だった程度だと考えられています。

ケルト神話は一般的にアイルランドやイギリスに住んでいたケルト人が残したものと考えられており、ヨーロッパ大陸に住んでいたケルト人は文字で残せず口述によって伝えただけだったため、その実態はあまり知られていません。

アイルランドのケルト神話は、中世初期以降のもので、キリスト教の影響もあり、土着の文化とともにケルト神話は縮小していったものと考えられています。長く口述によって伝えられてきたアイルランドの神話は、12世紀に書かれた「侵略の書」（または侵攻の書）で文字として残されました。神の一族のトゥアハ・デ・ダナーン（ダーナ神族）とフォモール巨人族の話などが描かれ、ダーナ神族は人間社会の出来事を、フォモール巨人族は野生を代表する存在でした。

ダーナ神族の最高神・ダグザは「善き神」「偉大な神」を意味するダーナ神族の長老的な存在で、最高神らしく明朗な性格で奔放さや下品な面もあり、外見は太った姿の髭を生やした大男とされていました。

動物の頭を持った神が多いエジプト神話

ナイル川の流域で紀元前数千年の昔から栄え、ローマ人やアラブ人によって滅亡した古代エジプト。古代エジプト人の信仰によれば、人間はこの世で死んでも、その魂は死なずに死後の世界に赴き、ときとして元の体に戻ってくるとされていました。そういった信仰により死者の肉体はミイラにされて手厚く安置されました。

古代エジプトでは王朝交代があると首都が移転し、信仰の中心地が変わることでその土地の神が王朝の安護心になるなど、統一された体系はできませんでした。各地の神殿の刻文などに、世界の始まりと神々の系譜の記録がわずかに残される程度でした。そんな中でも、ヘリオポリス、メンフィス、ブシリス、ヘルモポリスの4都市には独立した神学体系があったことが知られています。

古代エジプトの創造神、太陽神をアトゥムと呼び、原子の水から生まれた最初の神、太陽神ラーと同一視された最も高い地位にいる神と考えられています。この創造神はアトゥムから始まったエジプトには数えきれないほどの神がいて、自然や天体に神が宿るという考えから多くの神々を信仰するようになったと考えられています。そんな神々の特徴の一つが動物の頭を持った神が多いということです。周囲が砂漠や荒野である土地が多く、動物がほかの国や地域より少なく、食糧源として重要だったことや、逆に身近な存在だったからとも考えられています。

－ シュメール神話 －

楔形文字で残されたシュメール神話

古代メソポタミア文明において紀元前4000年の後半から世界最古の文明をシュメール人は築きました。そして都市国家運営のために必要になったのが、記録を残す書記でした。そのため書記を養成する読み書きの学校ができたそうです。その学校で作られた文学作品の中にあったのがシュメール神話でした。それは粘土板に世界で最も古い文字の一つでもある「楔形文字」で書かれていたものでした。

空を司る神のアンと地上の神のキがエンリルを生み出し、このエンリルが後にシュメールの神々のリーダーになります。やがて増えた神々が食料を得るために、位の低い神々は農作業などに追われるようになります。そこで知恵の神のエンキが神々に代わって労働する人間をつくる方法を考えます。それで母神ナンムが粘土から人間を創造します。

のちに神々は大洪水を起こし人間を滅ぼしますが、知恵の神エンキは王で信心

深い神官だったジウスドゥラに大船を用意させ、家族や動物の種をのせさせて生き残らせます。7日7晩の洪水の後、ジウスドゥラが神々へ牝牛を捧げると、神々はジウスドゥラに永遠の命を与えたといいます。

シュメール神話の中には、旧約聖書のノアの箱舟の話以外にも類似した話がいくつかあり、シュメール人からヘブライ人に受け継がれ、旧約聖書に記されたと考えられています。

グレート・スピリット「大いなる存在」

　ヨーロッパ人がアメリカに入植し始めた16世紀ごろは、ネイティブ・アメリカンは2000以上の部族に分かれていたようです。彼らの多くは「大いなる神秘」という概念を持っていました。それはネイティブ・アメリカンの創造主であり、宇宙の真理であるという考えで、この世のすべてを「大いなる神秘」が創造し、この世の中心に創造主の「大いなる神秘」が存在するという考え方でした。英語では「グレート・スピリット」と表現されることもありますが、神様のような人格化された存在ではないようです。ネイティブ・アメリカンの世界では2本足も4本足も、草も木も平等であり、人間以外のものを「鳥のひとたち」「熊のひとたち」「草のひとたち」などと呼び、人間とそれ以外のものを区別せず、「大いなる神秘」のもとでは、すべて平等で尊重されるべきという考えを持っています。

　部族によって異なる点もありますが、あらゆる神々、精霊がこの「大いなる神秘」のもとにあり、人間の運命を左右する精霊や創造主や精霊を助ける働きをするコヨーテをはじめとする動物たちよりも大きな存在が「大いなる神秘」という概念と言えそうです。

創世神話と伝説的英雄の物語

ユカタン半島一帯のマヤ地域に伝承されたマヤ神話。マヤ文明は紀元前1000年ごろに始まり、最盛期は4世紀から9世紀と考えられています。マヤ文字の書物はスペインによる征服の歴史の中で焼失しているものが多く、明らかになっているのは一部だと考えられています。

かれています。創世神話ではトウモロコシから創った男女4組が最初の人類となり、その中に4人のキチュ族の始祖が含まれていてキチュ族の歴史が続くといったものです。英雄の物語は、神々が人間をつくる前の時代の話しで、神に敵対する巨人族を討伐したり、冥界シバルバーの神々を退治して天にのぼったり、最後は父親の仇を討って冥界を平定し、双子はそれぞれ太陽と月になったと伝えられています。

現存するマヤ神話の史料は少なく、グアテマラ地域のキチュ族の伝承や来歴について記された「ポポル・ヴフ」が数少ない貴重な文献になっています。「ポポル・ヴフ」では、始まりの神テペウとクグマッツが人間を創造する創世神話と、伝説的英雄の双子フンアフプーとイシュバランケーが悪しき神々をこらしめる物語が描

太陽への信仰と皇帝への忠誠

インカ民族に伝わる神話と、ペルーやアンデスの神話など、アンデス山脈の諸民族の神話を総称してインカ神話とここでは考えます。それぞれが神話伝承を口承で伝えてきましたが、15世紀末ごろにインカ帝国が諸民族を統一し、その言語であるケチュ語を広めました。同時に太陽の神殿祭祀を推し進めたため、各地にあるもともと伝承されていた神話にインカ民族の神話が入り込み、変化していきました。

インカ帝国の国教は太陽神信仰でしたが、創世神話では太陽が他の神によってつくられることはあっても、太陽そのものが主神の役割をすることはありませんでした。クスコ王国の9代サパ・インカ皇帝でもあったパチャクテクを皇帝とするインカ帝国が諸民族を征服し、帝国支配の正当性を示すために昔からの神話をアレンジして新たな神話を、太陽を父とするパチャクテクの物語にしたのでし

た。皇帝は太陽の血を引く神の子であり、神聖な存在とされました。そして、太陽への信仰と皇帝への忠誠は重要視されましたが、それ以外への神への宗教様式は特に必要とされなかったようです。

インカ帝国崩壊後は神話も徐々に消滅し、もともとアンデス各地に根強く伝わっていた神話や儀礼が残ったようです。

－ 魔法 －

誰もが魔法使いになれる時代に

魔法という言葉ほどテレビドラマやアニメーションなどに、数多く登場するファンタジー関連用語はないかもしれません。外国テレビドラマで歴史的なヒット作品になった「奥さまは魔女」に始まり、同様に「かわいい魔女ジニー」、日本ではテレビアニメや漫画でヒットした「魔法使いサリー」がその元祖的存在。しかし、これらの作品は昭和30年代から40年代にヒットしたものなので、リアルタイムで楽しんだ世代は60歳前後になるようです。いずれの

作品も本来は怖いはずの魔女が魔法を使うというイメージを覆して、カワイイ女の子だったり、美しい女性の魔女が、悪いことをするのではなく、むしろみんなが喜ぶようなことをして、愛される存在になっています。

魔法は「人間の力ではなしえない不思議なことを行う術。魔術。妖術」とデジタル大辞典で調べると出てきます。しかし、現代社会ではすでにデジタルの力で、かつては魔法じゃなければできないようなことが、AIなどで実現できるようになってきています。つまりそれがさらに進化してエスカレートすると、魔法じゃないと実現できないと思っていたことが、まさに魔法のように簡単にできてしまう時代になるのかもしれません。そうなると誰でも魔法使いになれるということかもしれません。

- 呪術 -

漫画やアニメで呪術もポピュラーに

最近ヒットした漫画やアニメで知られている「呪術廻戦」は、人間の負の感情から生まれる化け物・呪術を使って祓う呪術師の闘いを描いたダークファンタジー・バトル漫画とwebサイトなどで概要が説明されています。呪術を調べていくと「超自然な方法によって意図する現象を起こそうとする行為」を呪術、あるいは魔術、奇術などと呼ぶといったような内容で出てきます。呪術は世界中に多少の違いがありながらも存在してきたようですが、日本で考えると縄文時代の土偶や邪馬台国の卑弥呼のシャーマニズム、あるいは映画にもなった平安時代の陰陽師・安倍晴明、中国で密教を学んだ空海も呪術に近いワザを使っていたのかもしれません。

呪術を成立させるのは呪文なども含めた呪的行為だったり、呪物（呪具）で、その存在を支えているのは、呪的な信仰や呪的思考になります。ほとんどの場合、呪的行為はある種のマニュアル化がなされ、その順序や型をしっかり守ることで呪的効果が現れると考え、そこに誤りなどがあると効果を発揮できないと考えられることが多いようです。

日本ではこういった呪術を迷信としてとらえることが多く見られますが、その反面、現在も御守りや招き猫を大切にしたり、大切なことをする日は吉日を選んだりする習慣も少なくありません。

－ 錬金術 －

鉄や銅を貴金属に変える術

ファンタジーやオカルトによく出てくる要素の一つ。その歴史は古く古代メソポタミアやエジプトに始まり、10世紀前後には中東で発展することになります。19世紀にエジプトの古代墓地から発掘された3世紀ごろに書かれたと思われるパピルスに、金や銀に別の金属を加えて増量する方法が書かれていました。4世紀ごろには錬金術の創始者ともいわれるユダヤ婦人マリアという錬金術師がケロタキスという錬金用の装置を作り、現在もバン・マリという名で残されています。

9世紀の終わりごろに登場した伝説の錬金術師ジャービル・ブン・ハイヤーンはジャービル文献と呼ばれる多数の錬金術に関する著作を残しています。

錬金術の思想にあるのは、金属ではないものでも貴金属に変えてしまう力があると信じられていた賢者の石を見つけだす、またはつくりだすということでした。賢者の石は人間を不老不死にする力もあると考え、錬金術師たちは研究を続けました。古代ギリシアの学問を応用し実験や発明を通して発展した錬金術は、イメージにありがちな魔法の世界だけのことではなく、非化学的理論といわれる19世紀まで、化学の発展に貢献してきました。

第四章

有名なファンタジー作品

ファンタジー作品のジャンルと魅力

ファンタジー作品とは

　ファンタジー（fantasy）とは、日本語訳をすると空想や幻想という意味の言葉です。ファンタジー作品と呼ばれているものの多くは、自然科学の知識や見識では説明ができない現象を含む、現実世界とかけ離れた架空の世界が舞台となっています。

　元々は小説などの文学で用いられていたジャンルであったファンタジーですが、現在ではゲームや映像作品など、文学以外のフィクション作品（作者などの想像力によって作られた物語）を分類する場合においても使われている言葉です。

ファンタジーのジャンルは多種多様

　ファンタジーの世界は、古くは神話や伝説などから始まっていますが、時代によってその定義は変化してきたと言えるでしょう。ファンタジーは、いわゆる「おとぎ話」として古くから語り継がれてきたものから、近代では「ハリー・ポッター」シリーズや「指輪物語」など、現実世界とはまったく異なる、創り込まれた世界を軸に展開される物語もあります。

　現在、ファンタジーはさまざまなジャンルが確立されています。例えば、科学では説明できないことが当たり前のように存在している架空の世界が舞台となった「ハイ・ファンタジー」、現実世界に超自然的要素が付け加えられた「ロー・ファン

タジー」、SF（サイエンス・フィクション）とファンタジーの要素が混ざり合った「サイエンス・ファンタジー」などがあります。

日本で人気の異世界もの

　近年は「異世界もの」の作品が人気を博しています。異世界は、日本の漫画やアニメ、ライトノベルなどのフィクション作品におけるジャンルのひとつです。魔法などがある世界を舞台にした物語であり、そこから分かれて確立されたジャンルには、現代から異世界へと行ってしまう異世界転生、異世界転移などがあります。

　異世界転生では、ある人物が一度死んでしまい、前世の記憶を持ったまま別の人物となって生まれ変わったり、異世界転移では、現実の世界から突然異世界に召喚されてしまう作品などがあります。

感情や想像力を豊かにするファンタジー作品

　有名なファンタジー作品と聞かれたら、小説単体だけでなく、やはり映像やゲームなどでも親しまれている作品が真っ先に頭に浮かぶことでしょう。例えば、映像化されている作品で見てみると、子どもから大人まで幅広いファン層を獲得している「ハリー・ポッター」シリーズや「ロード・オブ・ザ・リング」の原作である「指輪物語」、ゲームではモンスターなどを倒していきながら主人公とその仲間が冒険などをする作品があります。

　ファンタジーは現実の世界で生きている皆さんに夢や憧れ、ハラハラ、ドキドキ、ワクワク感を与えてくれるとともに、想像力をふくらませてくれます。この章では、世界中で愛されているファンタジー作品を紹介していきますので、知っている作品は思い出しながら、知らない作品はこれをきっかけに今後触れてみてはいかがでしょうか。

ナルニア国ものがたり

全7巻の小説シリーズ

　「ナルニア国ものがたり」の著者はイギリスの作家C.S.ルイス。子ども向けの小説シリーズとして1950年から1956年にかけて出版されました。出版順では1.「ライオンと魔女」、2.「カスピアン王子のつのぶえ」、3.「朝びらき丸 東の海へ」、4.「銀のいす」、5.「馬と少年」、6.「魔術師のおい」、7.「さいごの戦い」の全7巻のシリーズです。ただし、年代記としての順番は6、1、5、2、3、4、7の作品の順となります。日本では1966年に岩波書店から瀬田貞二訳で刊行されました。

物語は少年少女の冒険

　物語の舞台となるのは、創造主であるライオン「アスラン」によって開かれた、空想上の国ナルニア。その国の誕生から死滅まで、20世紀のイギリスの少年少女が異世界とを行き来しながら、自分たちに与えられた使命を果たすための冒険の様子を描いたファンタジー作品です。

さまざまな媒体で目にする作品

　「ナルニア国物語」は小説だけでなく、これまでに実写映画化、TVドラマ、アニメ、漫画など、さまざまなメディアで取り上げられています。この小説を原作とした実写映画では2005年12月にアメリカで公開(日本公開は2006年3月)された「ナルニア国物語/第1章:ライオンと魔女」を皮切りに、「ナルニア国物語/第2章:カスピアン王子の角笛」、「ナルニア国物語/第3章:アスラン王と魔法の島」が製作されています。

シルマリルの物語

Photo by
The Silmarillion
by J. R. R. Tolkien

「指輪物語」へとつながる作品

　イギリスの作家J.R.R.トールキンの神話物語集「シルマリルの物語」は、彼の死後に息子の手によって残された原稿がまとめられ、編集を加えて1977年に出版されました。5部からなるこの物語は、架空世界の「中つ国」の歴史を扱ったファンタジー作品です。唯一の神「エル」の天地創造、大宝玉「シルマリル」をめぐる争い、そして不死のエルフ族と限られた命を持つ人間の創世記のドラマで、「指輪物語」の前の壮大な神話的世界を描いています。

ホビットの冒険

THE HOBBIT
or
There and Back Again
BY
J. R. R. TOLKIEN
ILLUSTRATIONS BY
THE AUTHOR

小人ホビットの冒険物語

　「指輪物語」の前に起きた出来事を描いたファンタジー小説です。架空世界の「中つ国」の種族のホビットと呼ばれる小人が、竜に奪われてしまった財宝を取り戻すために、魔法使いや他種族のドワーフと一緒に竜が住んでいる山を目指すという冒険の物語。本作の成功を受けて、のちに「指輪物語」の誕生へとつながっていきました。

指輪物語

Photo by Zanastardust
https://www.flickr.com/photos/
zanastardust/1466521271/

冒険と友情のファンタジー

　「ホビットの冒険」の続編となる「指輪物語」の最初の版は、1954年から1955年にかけて、1作目が「旅の仲間」(第1部、第2部)、2作目が「二つの塔」(第3部、第4部)、3作目が「王の帰還」(第5部、第6部、追補編)の3巻本として出版されました。さまざまな種族が住む架空世界の「中つ国」を舞台に、主人公であるホビット族のフロドを含めた9人の旅の仲間たちが、冥王サウロンを滅ぼすため、魔法の指輪「一つの指輪」の破壊を目指す冒険と友情を描いたファンタジー作品です。映画「ロード・オブ・ザ・リング」シリーズでも多くのファンを獲得しました。

ニーベルングの指環

4日間にわたって上演される楽劇

ドイツ・オペラの巨匠と言われるリヒャルト・ワーグナーが創り上げたこの作品は、ゲルマン民族の伝説を中心のテーマとした「ニーベルンゲンの歌」や北欧神話を題材にしており、ワーグナーが35歳だった1848年から61歳になった1874年の26年にわたって創り上げた演劇と楽曲によって構成される楽劇です。序夜「ラインの黄金」、第1日「ワルキューレ」、第2日「ジークフリート」、第3日「神々の黄昏」の4部から成り、上演に4日間、延べ時間で見ると約15時間を要すると言います。その内容は、全世界の支配を可能にする魔法の指輪をめぐる、神、英雄、神話上の生物の戦いの物語です。

指輪物語もルーツはこれと同じ

J.R.R.トールキンの小説「指輪物語」も、この「ニーベルングの指環」と同じ題材をルーツに持っている作品です。「ニーベルンゲンの歌」や「ニーベルングの指環」の元になった創作物である北欧神話は「指輪物語」にも大きな影響を与えていることから、この2つの作品を比べてみると、さまざまな点において似通ったところが見られます。

漫画やテレビ映画のモチーフに

この「ニーベルングの指環」に関連する作品は、さまざまなメディアで展開されています。例えば日本を見てみると、有名な漫画家たちの手によって漫画作品の題材となり、海外を見てみるとドイツ、イタリア、イギリス、アメリカではテレビ映画が作られました。

ダンジョンズ&ドラゴンズ

人気のTRPG

　1974年に制作・販売されたアメリカのTRPG「ダンジョンズ&ドラゴンズ」(以下、D&D)。TRPGとは、基本的にはゲーム機などのコンピュータなどを使わずに、サイコロ、鉛筆などの道具を用いてプレイするテーブルゲームのジャンルのひとつで、D&Dは世界初のロールプレイングゲームと言われています。このゲームは、プレイヤーが自分の分身となるキャラクターをあやつりながら、仲間のプレイヤーと協力してモンスターを倒していってお金を稼ぎ、レベルを上げていきます。

ルールを作るゲームマスター

　このゲームと他のゲームとの大きな違いは、ゲームマスター(このゲームではダンジョンマスターと呼称)の存在です。ゲームマスターとなった者は、目の前に広がる風景や場面などを語り、プレイヤーが担当する以外の登場人物であったり、モンスターのすべてを操ってルールを考えて、決定します。要するに、「ゲームマスターが提示した物語を、プレイヤーキャラクターを通して体験していく」というファンタジーゲームです。そのため、提示される物語の内容によって雰囲気が変わるという特徴があります。

メディアミックスでファンを獲得

　D&Dを元にコンピュータゲーム化した作品もたくさん作られており、関連小説もシリーズ化して刊行されています。また、アメリカではD&Dの一般的な世界観をモチーフとした映画も製作されており、現時点での最新作はアメリカで2023年3月31日に劇場公開されました。

Elric of Melniboné
エルリック・サーガ

剣と魔法が鍵となるファンタジー作品

　イギリスの作家マイケル・ムアコックの代表作のひとつである「エルリック・サーガ」は、剣と魔法のファンタジーの世界が舞台。皇帝であり魔術師でもある主人公のエルリックの冒険と、魔剣のストームブリンガーによって滅びていく運命を描いています。その始まりは1961年に発表された「夢見る都」で、1965年発表の「ストームブリンガー」での主人公の死という形によって一旦完結しました。その後は新しいエピソードの発表とともに再編集が行われて、同作家の作品群「永遠の戦士」のひとつに組み込まれました。

シリーズ化されてファンを魅了

　その後、1972年になるとエルリック・サーガの物語の始まりを再び組み立てた長編作品の「メルニボネのエルリック」を発表、1989年には「真珠の砦」、1991年には「薔薇の復讐」と続き、その後も「夢盗人の娘」「スクレイリングの樹」「白き狼の息子」の新たな三部作を発表しました。

主人公と魔剣の関係性とは

　主人公のエルリックが手にした魔剣のストームブリンガーは、人の魂をすすって、その力をエルリックに与えるという魔力を持っていました。エルリックは生まれつき体が弱く、魔法や薬に頼らなければ生きられませんでしたが、この魔剣によって薬に頼らなくても行動できる力を手に入れることができました。しかし、それと引き替えに自分の意志とは関係なく、自分と周りの人々を冒険と災いに巻き込むことになってしまったのです。

Cthulhu Mythos
クトゥルフ神話

旧支配者と旧神の戦いを描く

　「クトゥルフ神話」とは、1920年代にアメリカの作家ハワード・フィリップス・ラヴクラフトによって書かれたホラー小説をもとにして、友人の作家であるクラーク・アシュトン・スミス、ロバート・ブロック、ロバート・E・ハワード、オーガスト・ダーレスなどが、架空の神々や地名などの名称の貸し借りによって執筆されたのが始まりとされています。

物語のメインとなるのは、外宇宙から古来の地球へとやってきた旧支配者と旧神の戦い、そしてそのことが後世に与えた影響、人に災いを与える神をうやまう者の暗躍などを描いています。

宇宙的恐怖という独特な考え

　ラヴクラフトは「宇宙は無慈悲であり、人間中心の地球的な考えは通用しない」というコンセプトのもと、コズミックホラー（宇宙的恐怖）という世界観を提示しています。そんな世界観の中で、さまざまな神々によって登場人物たちが恐怖にさらされていく道筋が、恐ろしく思えるという雰囲気を作り出しています。この「クトゥルフ神話」は日本に持ち込まれた後、多くの作家によって翻訳されました。

神々を美少女に擬人化した作品も

　「クトゥルフ神話」は原作だけに留まらず、TRPGの題材になったり、ライトノベルやアニメなどのモチーフとして扱われたことによって、知名度が広がっていきました。元はホラー小説の位置付けではありますが、ライトノベルなどではいわゆる"萌え"要素のある作品として親しまれているという一面も持っています。

不思議の国のアリス

Alice's Adventures in Wonderland

想像力がふくらむ不思議な世界

　イギリスの数学者であったチャールズ・ラトウィッジ・ドドソンが、ルイス・キャロルというペンネームで書いた児童小説の「不思議の国のアリス」は1865年に出版されました。その物語は、少女のアリスが白ウサギを追いかけて不思議の国に迷い込み、動くトランプや言葉を話す動物など、いろいろなキャラクターたちと出会い、この不思議な世界を冒険する様子を描いています。

　原作は舞台化、映像化、絵本化など多方面に広がり、お子さんから大人まで世界中の人々を楽しませてくれています。また、本作品にある詩や童謡の多くは、当時知られていた教訓詩や流行していた歌のパロディーになっているのも特徴のひとつです。

鏡の国のアリス

Through the Looking-Glass, and What Alice Found There

少し成長した少女の夢の世界

　「鏡の国のアリス」は「不思議の国のアリス」の続編として1871年に出版された作品です。この作品では、少女のアリスが鏡を通り抜けて鏡の国（異世界）に迷い込み、チェスのルールにしたがって物語が進んでいきます。そのため、主なキャラクターである赤と白のクイーンや白のナイトなどは、チェスの駒を擬人化したものです。

　「鏡の国のアリス」の映像化については、「不思議の国のアリス」に要素を組み合わせたりしているほか、「不思議の国のアリス」の後編として構成しているものもあります。例えばあるアニメ映画では「不思議の国のアリス」を物語の土台としながら、「鏡の国のアリス」のキャラクターが登場したりしています。

はてしない物語

並行して描かれた現実世界と本の世界

　「はてしない物語」はドイツの作家ミヒャエル・エンデが書いたファンタジー作品で、1979年に出版されました。不思議な本の世界に入り込んだいじめられっ子の少年バスチアンが、舞台となったファンタージエンという国を舞台にたくさんの冒険を繰り広げていく中で、その国の滅亡と再生を体験するというストーリーです。また、この「はてしない物語」は、バスチアンが古本屋から盗んだ本のタイトルです。

　現実世界、そしてもうひとりの主人公であるアトレーユが冒険をする本の世界のファンタージエンの2つの世界を並行して描いている本作。また、映画「ネバーエンディング・ストーリー」は、この小説が原作となっています。

ハリー・ポッター

世界中の人が知る児童文学の小説シリーズ

　世界中の人々に知られているJ・K・ローリングの小説「ハリー・ポッター」シリーズ。魔法使いの少年ハリー・ポッターとその仲間たちとのふれあい、そし  て彼の両親を殺害した闇の魔法使いヴォルデモートとの戦いを描いた作品です。1997年に第1巻「ハリー・ポッターと賢者の石」が刊行され、2007年刊行の第7巻「ハリー・ポッターと死の秘宝」で物語は完結しました。

　この小説は児童文学というジャンルを超えて世界中の子どもから大人まで愛読されており、大ヒットした映画も全作品楽しんだという人も多いことでしょう。他にもテーマパークや舞台など、マルチな分野で愛されている作品です。

索引
<ruby>索引<rt>さくいん</rt></ruby>

参考文献・サイト

「魔法事典」山北篤　著　新紀元社

「知っておきたい世界と日本の神々」松村一男　著　西東社

「知っておきたい伝説の英雄とモンスター」金光仁三郎　著　西東社

「世界の宗教　知れば知るほど」星河啓慈　監修　実業之日本社

「西洋神名事典」山北篤　監修　シブヤユウジ　画　新紀元社

「古代エジプトを知る事典」吉村作治　編　東京堂出版

「古代ローマを知る事典」長谷川岳男　日わき博敏　著　東京堂出版

「ドラゴン学総覧」ドゥガルド・A・スティール　編　今人舎

「ゲームシナリオのためのファンタジー解剖図鑑」サイドランチ　編　誠文堂新光社

「武器と防具　西洋編」市川定春　著　新紀元社

「祭り屋台天井絵龍図・鳳凰図(1844)」葛飾北斎　画

「Destruction of Leviathan(1866)」ギュスターヴ・ドレ　画

「Monstrorum Historia(1642)」ウリッセ・アルドロヴァンディ　画

「出雲国肥河上八俣蛇ヲ切取玉ヲ図(1880)」楊洲周延　画

ノルディスク ファミリエブック(1876)　リンショーピン大学 プロジェクト・ルーネベリ参照

「Vegetable lamb(1887)」ヘンリー・リー　著

「Historiae naturalis de quadrupetibus(1650)」ヨハネス・ヨンストン　著

「Statue of Oceanus(2世紀頃)」イスタンブール考古学博物館所蔵

「Battle of Centaurs and Wild Beasts(西暦120～130年頃)」

「A Nymph In The Forest」チャールズ・アマブル・ルノワール(1860-1926)　画

「Myths of the Norsemen from the Eddas and Sagas(1909)」H.A.ゲルバー　著

「Bound of Fenrir(1909)」ドロシー・ハーディー　画

編集・文

浅井 精一
竹田 政利
魚住 有

デザイン・イラスト

松井 美樹

制作
株式会社 カルチャーランド

みんなが知りたい! ファンタジーのすべて
剣と魔法の世界がよくわかる
〜武具・幻獣やモンスター・神話・術〜

2024年6月5日　　第1版・第1刷発行

著　者　「ファンタジーのすべて」編集室（ふぁんたじーのすべてへんしゅうしつ）
発行者　株式会社メイツユニバーサルコンテンツ
　　　　代表者　大羽 孝志
　　　　〒102-0093東京都千代田区平河町一丁目1-8
印　刷　株式会社厚徳社

ご意見・ご感想はホームページから承っております。
ウェブサイト　https://www.mates-publishing.co.jp/

企画担当：千代 寧